COMO
RENOVAR
ATITUDES

ASTRID SAYEGH

RENOVAR
ATITUDES

© Astrid Sayegh

Editora Espírita Correio Fraterno
Av. Humberto de Alencar Castelo Branco, 2955
CEP 09851-000 – São Bernardo do Campo – SP
Telefone: 11 4109-2939
correiofraterno@correiofraterno.com.br
www.correiofraterno.com.br
Vinculada ao Lar da Criança Emmanuel (www.laremmanuel.org.br)

1ª edição – Novembro de 2010 – 3.000 exemplares

Relançamento da obra publicada sob o título *Curso básico de espiritismo – 2º ano – Reforma íntima*. O texto original foi revisto e ampliado.

A reprodução parcial ou total desta obra, por qualquer meio, somente será permitida com a autorização por escrito da editora.
(Lei nº 9.610 de 19.02.1998)

Impresso no Brasil
Presita en Brazilo

COORDENAÇÃO EDITORIAL
Cristian Fernandes

REVISÃO
Eliana Ferrer Haddad

PROGRAMAÇÃO VISUAL DE CAPA
André Stenico | concepção inicial de Fred Aguiar

PROJETO GRÁFICO DE MIOLO
Bruno Tonel

Catalogação elaborada na editora

Sayegh, Astrid
    Como renovar atitudes / Astrid Sayegh. – 1ª ed. – São Bernardo do Campo, SP : Correio Fraterno, 2010.
    144 p.

    ISBN 978-85-98563-62-6

1. Espiritismo. 2. Filosofia espírita. 3. Renovação interior. 4. Autoconhecimento. 5. Dependências. I. Título.

CDD 133.93

"Vós, irmãos, fostes chamados à liberdade. Não abuseis, porém, da liberdade como pretexto para prazeres carnais. Pelo contrário, fazei-vos servos uns aos outros pela caridade, porque toda a lei se encerra num só preceito: Amarás o teu próximo como a ti mesmo (...).

Andai segundo o Espírito, e não satisfareis aos apetites da carne, porque os desejos da carne se opõem aos do Espírito, e estes ao da carne; pois são contrários uns aos outros. (...) Ora, as obras da carne são estas: fornicação, impureza, desonestidade, idolatria, magia, inimizades, contendas, ciúmes, iras, rixas, discórdias, partidos, inveja, embriaguez, orgias e outras coisas semelhantes, contra as quais vos previno, como já vos preveni: os que a praticarem não herdarão o reino de Deus.
Mas o fruto do Espírito é: caridade, alegria, paz, paciência, benignidade, bondade, fidelidade, mansidão, temperança. Contra estas coisas não existe lei. Pois os que são de Jesus Cristo crucificaram a carne, com as paixões e concupiscências. Se vivemos pelo Espírito, andemos também de acordo com o Espírito.
Não sejamos ávidos da vanglória. Nada de provocação, nada de invejas entre nós."

PAULO (GÁLATAS, 5:13-26)

Sumário

Prefácio 11

Introdução 15

O que é renovar atitudes? 19

O que são vícios ou dependências? 27
Drogas lícitas e ilícitas 33
A gula 45
O sexo 50

Imperfeições e virtudes 56
Orgulho e humildade 64
Inveja e desprendimento 72
Ódio e perdão 80
Vingança e misericórdia 89
Maledicência e indulgência 97
Impaciência e tolerância 103
Ondas mentais 110
Reflexo condicionado 116
Correntes mentais – a prece 122

Renovação interior 130

Apêndice – Grupos de apoio 135

Bibliografia 142

PREFÁCIO

Astrid Sayegh é a autora deste livro que tem o título *Como renovar atitudes*. Convite, intenção motivacional, premissa interrogativa.

Com sua conhecida gentileza, pediu-me para escrever algumas palavras para prefaciar essa obra do seu pensamento, sem perceber que vinha oferecer a oportunidade de prestar minha homenagem à escritora, conferencista e mestra emérita, muito querida pelo meu coração e por milhares de outros corações. Foi como humildemente pedir ao aluno para falar em público sobre seu mestre.

É de se perguntar: Pode o aluno ter a capacidade de fazer isto? Sinceramente, respondo que sim. Talvez ninguém, melhor que um aluno, para levantar-se em público e dizer (escrever) aos ouvintes (leitores) palavras sobre o mestre, quando a união entre ambos é o bom relacionamento, isto é, "o querer bem", como diria Rousseau.

Autora, entre outros, do excelente livro *Ser para conhecer... conhecer para ser*, referência para a iniciação ao estudo da filosofia espírita, com vasta experiência no ensino de adolescentes, jovens e adultos em várias universidades, criadora do Instituto Espírita de Estudos Filosóficos, atualmente com sede na Instituição Beneficente Nosso Lar, em São Paulo, mestre e doutora em filosofia contemporânea, Astrid é conhecida e amada em todo o Brasil, realizando palestras, conferências e entrevistas, organizando simpósios e multiplicando cursos, incentivando o ser humano a refletir com o "dom dos deuses", que é o pensamento filosófico.

Une-se, desta forma, estreitamente ao professor Rivail, Allan Kardec, que posicionou sua obra básica, *O livro dos Espíritos*, como "filosofia espiritualista".

Desde Léon Denis, contemporâneo de Allan Kardec, o pensamento filosófico espírita vem tendo ilustres seguidores e, no Brasil, entre outros, destacamos mais recentemente os ilustres professores Deolindo Amorim, Herculano Pires e Manoel Pelicas São Marcos, fundador do primeiro curso de filosofia no movimento espírita brasileiro.

Atualmente, Astrid Sayegh vem realizando uma evolução significativa no saber e no pensar filosófico, decalcando o pensamento kardeciano sobre ser a doutrina espírita basicamente uma filosofia, alicerçada pelo fenômeno mediúnico cientificamente cada vez mais estudado, e com claras e diretas consequências morais e religiosas.

Astrid poderia, se o quisesse, ter escrito um grande volume com mil páginas, colocando o título desse livro sob a luz da filosofia no sentido histórico, expandindo conceitos ontológicos, utilizando a linguagem filosófica, a dialética e a lógica clássicas, mas evidentemente optou por escrever um livro compreensível para todos os interessados no despertamento da própria consciência, adeptos de qualquer crença não-materialista, evitando complicar a maior dentre as qualidades do saber, que é a simplicidade da sabedoria.

Escreveu um livro sintético, holístico, teleológico, simples, claro, linear, transparente, eminentemente didático.

A vocação educacional e a experiência comunicativa fizeram dele um roteiro claro e conciso, ao mesmo tempo incentivando o leitor a reflexões próprias, sem aquele tom, hoje em dia inaceitável, do moralismo repetitivo, crítico e do prejulgamento de atos e fazeres inspirados por ideias e pensares em estilo medieval.

Todas as frases desse livro oferecem assuntos dignos de reflexão e direcionam condutas na variante moderna da autocondução. Estabelecem relações entre a filosofia espírita e a liberdade, colocando a liberdade condicionada à alegria moral. Separam viver e existir, pressionando o nosso entendimento para o significado mais pleno de vivência no existir cotidiano.

Enfim, desde as primeiras palavras, esse livro sintetiza um caminho motivador e facilitador da renovação de atitudes, que também abre campo e aponta a direção para uma plena renovação interior pela ligação da natureza corpórea com a natureza divina, à disposição na interioridade do ser.

Seguindo a pedagogia do mestre Jesus, que criava parábolas dentro de situações comuns na época, a autora aborda vícios e virtudes, na "situação" em que se apresentam na atualidade, abordando as causas e abrangendo as soluções, ou como superá-las, incluindo as respostas ao título, no contexto da renovação moral e da renovação íntima, assim nos colocando frente a frente com o maior desafio de nossos tempos: a regeneração ou religação da natureza corporal com a natureza divina, da criação e da criatura com o Criador.

Astrid, feliz é a nossa geração por poder conhecê-la, escutar, ler e aprender com você a importância de não apenas viver, mas também existir para a eterna busca da perfeição.

Gratidão a você por esse tesouro em forma de livro, que está nos oferecendo.

Nancy Puhlmann Di Girolamo

Nascida em 21/03/1924, em São Paulo, sua vida está estritamente ligada à vida da Instituição Beneficente Nosso Lar, fundada por sua mãe, Maria Augusta Ferreira Puhlmann, e por ela presidida mais de vinte anos.

Escritora e articulista, tendo publicado vários livros e textos sobre pessoas com deficiência, sempre enfatizando a importância do desenvolvimento das potencialidades humanas, Nancy é enfermeira pela Universidade Federal de São Paulo, com especialização em enfermagem neuropediátrica, socióloga pela Escola de Sociologia e Política (instituto complementar da USP), com mestrado em antropologia cultural e pós-graduada em reorganização neurológica na Philadelphia (EUA).

Introdução

Diante de tantos constrangimentos morais que assolam a Humanidade, o pensamento filosófico contemporâneo é todo voltado para as questões existenciais. Viver é próprio à condição de seres naturais, porém *existir* é muito mais; é questionar sobre o significado da existência, como vivenciá-la com sabedoria; é indagar sobre a nossa destinação. Assim, compete-nos pautar a nossa existência com consciência, de modo a cumprir com seus fins: a plenitude espiritual, a alegria interior, a liberdade do Espírito, a revelação de nossa essência, mesmo na condição material.

Efetivamente, educar o Espírito implica mudança interior, renovação de atitudes, de modo a nos adequarmos a essa presença divinal imanente, manancial infinito de alegria e de vida interior.

Em conformidade com a doutrina espírita, toda e qualquer transformação e normas de conduta devem ser pautadas sobre os princípios cristãos e a moral evangélica. O objetivo primeiro deste trabalho é fundamentar, de forma clara e acessível, a temática da *renovação de ati-*

tudes, mantendo-se fiel às obras da codificação de Allan Kardec, notadamente *O evangelho segundo o espiritismo* e *O livro dos Espíritos*.

Sob esse aspecto, cabe aqui considerar que o presente trabalho não é fruto de uma criação pessoal, mas uma abordagem didática do conteúdo, visando a abalizar a superação moral do ser.

Cumprindo com a proposta pedagógica atual e com a concepção existencial do ser, visaremos abordar os assuntos "em situação", esclarecer a causa de nossos males, por que e como superá-los.

Jesus já vivenciava uma pedagogia voltada para a situação e o momento histórico, ao tirar do próprio contexto da época as parábolas portadoras de mensagens evangélicas. Por outro lado, a própria proposta da pedagogia atual busca vincular o conhecimento à realidade existencial do educando, ou seja, as questões são voltadas para a resolução de problemas colocados pela prática social. Nesse sentido, sugere-se aqui como ponto de partida para eventuais preleções a chamada pedagogia "em situação", como forma de vincular o conhecimento aos problemas concretos do meio, da sociedade e do momento contemporâneo.

Segundo comentário de Kardec à pergunta 917 de *O livro dos Espíritos*, uma vez conhecidas as causas (do *egoísmo*), o remédio se apresentaria por si mesmo (...). A cura poderá ser prolongada porque as causas são numerosas, mas não se chegará a esse ponto se não se combater o mal pela raiz, ou seja, com a educação. É assim que o segundo passo aqui sugerido busca esclarecer as eventuais causas de nossos males, para uma educação dinamizada pela própria consciência.

No referido texto, afirma ainda Kardec que a educação, se for bem compreendida, será a chave do progresso moral. É assim que os itens subsequentes visam a deixar claro o porquê da necessidade de se superar e, por fim, como superar nossas viciações ou imperfeições.

Que possamos predispor a interioridade de modo a acolher a pretendida mensagem com o coração, mas também de forma raciocinada, pois a autonomia de pensamento é o primeiro passo para a libertação.

A AUTORA

O QUE É RENOVAR ATITUDES?

Renovai-vos pelo espírito no vosso modo de sentir.
Paulo (Efésios, 4:23)

DEFINIÇÃO
O que é renovação de atitudes?

É a busca de superação das limitações do ser, quais sejam vícios ou dependências e imperfeições do ponto de vista moral, no sentido de vivermos mais felizes e libertos. Para tanto, faz-se um processo contínuo de autoconhecimento de nossa intimidade espiritual.

E por que se conhecer? Esta é uma pergunta que cumpre a cada um responder para si. E este é um dos próprios motivos que nos leva a olhar constantemente para dentro de nós. O autoconhecimento nos leva a uma profunda viagem ao nosso interior, fazendo-nos compreender por que temos determinada atitude em dada situação, tornando-nos capazes de fazer uma escolha mais consciente, e que portanto nos levará a uma satisfação, a um sentido de vida cada vez maior para o nosso dia a dia.

Renovar atitudes não significa apenas mudança de hábitos e costumes, mas uma transformação do modo de sentir, de agir e de pensar os outros e o mundo. Não se traduz tampouco em conhecermos nossos defeitos e imperfeições, mas, acima de tudo, em uma conscientização das potencialidades infinitas que habitam nosso ser, rumo à perfectibilidade.

Objetivos

Para que renovar atitudes?

O homem é, na maioria das vezes, artífice de sua própria infelicidade. Praticando a lei de Deus ele pode poupar muitos males e gozar de uma felicidade tão grande quanto o comporta a sua existência em um plano grosseiro. (O livro dos Espíritos, 921)

Para a filosofia espírita a natureza imortal do Espírito determina de modo fundamental a finalidade ética da vida, onde a felicidade não se trata apenas de uma continuidade da vida, mas na *transformação da vida*, marcada por limites e obstáculos, em função de uma vida liberta, sem apegos e condicionamentos e, portanto, feliz. A educação espírita, através de sua filosofia, é educação para a liberdade, educação para a alegria interior. Desse modo, o Evangelho é um verdadeiro manual para a existência.

A felicidade dos Espíritos é sempre proporcional à sua elevação. (O livro dos Espíritos, 967)

Tal conquista não se faz, porém, sem esforço e luta para vencer a si, pois mudança de atitudes implica busca de moralidade, elevação interior, e conduta reta perante si.

Conteúdo

A. O conhecimento de si mesmo

– Qual o meio mais prático, mais eficaz para se melhorar nesta vida e resistir ao arrebatamento do mal?
– Um sábio da Antiguidade vos disse: "Conhece-te a ti mesmo". (O livro dos Espíritos, 919)

Conhecereis a verdade e a verdade vos libertará. (Jo, 8:32)

Sócrates já afirmara que "uma vida que não é examinada não merece ser vivida", ou seja, não basta viver sem questionar o sentido da existência, sem derrubar falsas ideias que distanciam a alma de si mesma.
Mas, conhecer o quê?

A1. Nossas imperfeições, defeitos

No dia a dia, refletimos inconscientemente emoções, pensamentos, sentimentos e aspirações, sem controle, e sem conhecimento próprio.

Vemos constantemente os erros e defeitos dos que nos rodeiam e somos incapazes de perceber nossos próprios. Nossas faltas são sempre por nós justificadas, e nos colocamos sempre como vítimas.

A grande maioria das criaturas é imediatista, isto é, se compraz na satisfação de suas necessidades elementares e na manifestação das paixões. Nesse estágio, o homem está mais próximo de estado natural do que de sua natureza espiritual.

O homem, sendo perfectível e trazendo em si o germe de seu melhoramento, não foi destinado a viver perpetuamente no estado natural, como não foi destinado a viver perpetuamente na infância. (O livro dos Espíritos, 776)

Nesse estágio natural, os hábitos mais comuns são a concupiscência, a gula, a agressividade. Esse comportamento é típico nos seres humanos e confirma o desconhecimento de si próprios. Uma pequena minoria da Humanidade compreende sua natureza espiritual e, como tal, reflete um comportamento mais racional e menos impulsivo. A primazia por valores imediatistas reflete igualmente uma postura materialista, portanto efêmera na vida; ao passo que nossa natureza de Espíritos objetiva a elevação do Espírito, a aquisição de valores permanentes, portanto morais e interiores.

A2. Nossas potencialidades

Mas conhecer a si mesmo não significa apenas conscientizar-se dos próprios defeitos, traumas e imperfeições, mas, do ponto de vista filosófico, traduz-se no conhecimento de nossa essência e daquilo que possuímos de infinitude dentro de nós.

Sede pois perfeitos, como perfeito é o vosso Pai Celestial. (Mt, 5:48)

Os Espíritos, sendo individuações da Inteligência Absoluta, possuem identidade de origem e de natureza com Deus. A presença divina é imanente nos Espíritos e nossa natureza essencial possui, relativamente, todos os atributos divinos. Cabe a nós, Espíritos, portanto, revelar, trazer à luz, tornar *atos* essas *potencialidades* do espírito, do princípio espiritual, pela conscientização e consequente dinamização destas.

Precisamos sair da condição de seres conduzidos pelo meio, para passarmos à categoria de condutores de nós mesmos. É importante conhecer o que possuímos de qualidade infinita em nossa essência.

A3. Sócrates: a maiêutica

É assim que a sabedoria milenar de Sócrates permanece viva e evidente. Seu método – a maiêutica – se resume em dois momentos:

1º. *Ironia:* esse primeiro momento baseia-se em derrubar falsas ideias, assim como falsas imagens de si mesmo.

2º. *Maiêutica* (gr. parturição): consiste em dar à luz às ideias, mas também o senso moral; trazer à luz a interioridade.

Desta forma, o método socrático, já precursor do Cristianismo, evidencia as bases do conhecimento interior espírita, por uma identificação de seus momentos.

B. Como conhecer-se?

Reconhece-se o verdadeiro espírita pela sua transformação moral e pelo esforço que empreende no domínio das más inclinações. (O evangelho segundo o espiritismo, cap. XVII, "Sede perfeitos")

B1. Pela autoanálise

– Compreendemos toda sabedoria dessa máxima (conhece-te a ti mesmo), mas a dificuldade está justamente em se conhecer a si próprio. Qual o meio de chegar a isto?

– Fazei o que eu fazia quando vivi na Terra: No fim de cada dia interrogava minha consciência, passava em revista o que havia feito e me perguntava a mim mesmo se não tinha faltado ao cumprimento de algum dever, se ninguém teria motivo para se queixar de mim (...) Quando estais indecisos quanto ao valor de vossas ações, perguntais como as qualificaríeis se tivessem sido praticadas por outra pessoa. Se as censurardes em outros, essa censura não poderia ser mais legítima para vós, porque Deus não usa de duas medidas para a justiça. (Santo Agostinho, O livro dos Espíritos, 919a)

Muitas pessoas recorrem à psicoterapia e psiquiatria. Cabe-nos, porém ressaltar que muitas escolas psicológicas acabam motivando comportamentos compatíveis com padrões materialistas. A doutrina espírita, como cristianismo redivivo, pauta uma conduta moldada pelos ensinamentos evangélicos, ou seja, nossas limitações possuem causa em existências anteriores, assim como os valores espirituais e eternos fundamentam nossa conduta rumo à evolução infinita.

B2. Pela dor

Bem-aventurados os aflitos. (O evangelho segundo o espiritismo, cap. V)

Coração que não sofreu é floresta que não se abriu. (Auta de Souza)

Pela dor retificamos nossas mazelas do ontem longínquo ou próximo. Os processos de sofrimento provocam na alma o despertar da consciência e a ampliação de nosso grau de sensibilidade. É nos momentos difíceis, dolorosos, que somos naturalmente levados a meditar sobre os motivos e origem de nossas vicissitudes. É na própria limitação que descobrimos o que existe de infinito em nós.

B3. No convívio com o próximo

Aprendemos muito no convívio social, através de nossas reações com o meio e da ação do meio sobre nós:

• Na infância: no meio familiar encontra-se nosso relacionamento mais direto com o próximo; aqui brotam espontaneamente nossos impulsos e reações.

• Na escola: no convívio escolar as reações já não são tão espontâneas. Timidez e acanhamento, por vezes, sufocam nossos desejos e expressões interiores.

• Na adolescência: surge o "querer", momento de autoafirmação. A personalidade se configura. Aparecem as primeiras desilusões e momentos de inconformação.

Cabe-nos buscar saber como e por que reagimos aos apelos e agressões. Há que considerar:

1. Geralmente os Espíritos mais dóceis e flexíveis sofrem menos, pois a carga que lhes atinge o íntimo é menor.

2. Mecanismos de projeção: as reações que nos incomodam nos outros são precisamente as mais profundamente marcadas em nós.

3. Mecanismos de defesa: frequentemente não aceitamos críticas ou mesmo nossos próprios defeitos.

B4. Na doação de si mesmo
É no trabalho – seja material ou espiritual – que encontramos uma das formas de exteriorizar, manifestar nossos potenciais, os atributos divinos infinitos que nos caracterizam. Ao mobilizar forças e sentimentos, o Espírito tira de si mesmo aquilo que achava que não possuía. E nessa doação ao meio, à sociedade, sentimos inusitada alegria interior. É assim que conhecer-se implica, sobretudo, vivenciar a condição de coparticipantes da Criação, revelar a si mesmo a essência. Nisso consiste "dar testemunho", como dizia Jesus, revelar a nós mesmos nossa destinação original, trazer à luz, ao conhecimento, a essência perfeita que nos habita – "assim como o Pai é perfeito" **(Mt, 5:48)**.

C. O Que se pode transformar?

Vícios ou dependências:
Drogas lícitas e ilícitas
Gula
Abusos sexuais
Etc.

Imperfeições:
Orgulho
Ódio
Vingança
Maledicência
Impaciência
Etc.

O QUE SÃO VÍCIOS OU DEPENDÊNCIAS

Em verdade, em verdade vos digo, todo homem que se entrega ao pecado é seu escravo.
João, 8:34

PEDAGOGIA "EM SITUAÇÃO"

Como se posiciona hoje nossa sociedade perante os vícios?

Como tem sido a atuação dos meios de comunicação?

Será que a sociedade atual age de forma crítica no que diz respeito a todo tipo de abuso relacionado ao fumo, ao álcool ou a dependências químicas?

O que pensam os jovens hoje com relação ao sexo e às drogas?

Os meios de comunicação estão abertos, sem restrições à propaganda envolvente e maciça que induz a Humanidade ao fumo, ao álcool, ao jogo, à gula e ao sexo desatinado. Não existe a menor reação a tão maléficos incentivos. Ao contrário, tornaram-se meios de motivação a uma sociedade meramente consumista, cujos produtos (filmes, revistas, sites, bebidas etc.) constituem verdadeiros agentes contaminadores do comportamento moral do homem, induzindo-o ao viciamento de ideias pelo desejo de satisfações ilusórias. Cabe-nos, efetivamente, trazer tais mensagens ao crivo da razão, e assumir uma postura crítica diante das dependências, que na verdade têm como causa os grilhões psicológicos a que somos induzidos.

O QUE É DEPENDÊNCIA QUÍMICA?

É importante considerar que, nas últimas décadas, houve um incontestável avanço das ciências que estudam a mente humana, com descobertas importantes. A antiga relação do ser humano com substâncias psicoativas ganhou notoriedade por diversas razões, desde o aumento e banalização do uso, até questões econômicas e de saúde pública.

Na atualidade, a ciência que estuda os problemas relacionados ao uso descontrolado de substâncias psicoativas, conhecida como adictologia, deixa de chamar essas situações de *vícios* e passa a considerá-las como *dependência química* ou *adicção*.

Além dos casos relacionados diretamente ao consumo de substâncias psicoativas, são considerados como dependência alguns comportamentos que se tornam compulsivos: jogar, comer, amar, fazer sexo, comprar, trabalhar etc.[1]

---

[1] Apresentamos no final desta obra um apêndice, contendo relação de grupos de apoio a dependentes. (N.E.)

Segundo a OMS (Organização Mundial de Saúde), a dependência química é uma doença que destrói o ser humano física, psíquica, mental, social e espiritualmente. É considerada uma doença primária, incurável, progressiva e fatal, podendo, contudo, ser tratada.

OBJETIVOS

– No estado natural, tendo menos necessidade, o homem não sofre todas as tribulações que cria para si mesmo num estado mais adiantado. Que pensar da opinião dos que consideram esse estado como o da mais perfeita felicidade terrena?
– Que queres? É a felicidade do bruto. Há pessoas que não compreendem outra. É ser feliz à maneira dos animais. As crianças também são mais felizes que os adultos. (O livro dos Espíritos, 777)

Devemos compreender razoavelmente as características, as causas e consequências da dependência e buscar meios para eliminá-los.

Todos colhemos no sofrimento suas consequências amargas, cedo ou tarde. Não precisamos chegar às últimas consequências da dependência para iniciar o trabalho de autolibertação, de autodescondicionamento.

Comecemos por questionar: será que queremos realmente nos libertar, ou nos comprazemos nas dependências? Se queremos realmente nos libertar, quais as razões mais profundas que nos levam a iniciar esse combate?

Como iniciar esse combate?

Primeiramente, para superarmos os vícios mais enraizados em nós, precisamos fortalecer a nossa vontade. Ninguém consegue vencer uma batalha sem determinação, sem testemunho da vontade aplicada. Sem dúvida, os tratamentos espirituais são de valor inestimável, mas combater as causas é uma conquista individual que deve ser cultivada paulatinamente.

Conteúdo

Quais as causas do vício ou dependência?

– A Natureza não traçou o limite necessário em nossa própria organização?

– Sim, mas o homem é insaciável. A Natureza traçou o limite de suas necessidades na sua organização, mas os vícios alteraram a sua constituição e criaram para ele necessidades artificiais. (O livro dos Espíritos, 716)

A. A imaginação

Pela imaginação penetramos os mais insondáveis terrenos das ideias. No entanto, a imaginação tem sido mal conduzida pelos homens, tanto de modo consciente quanto por desejos inconscientes, levando-os a sofrimentos e outras consequências graves. Pela sua imaginação o homem cria suas carências, envolve-se nos prazeres e absorve-se nas sensações. Cristalizam-se tais frutos da imaginação em hábitos repetitivos, que por sua vez tornam-se condicionamentos, os quais passamos a incorporar comodamente sem reação contrária. Os vícios são, portanto, necessidades artificiais que nossa própria consciência criou, às quais nos apegamos.

B. Dependência física e psíquica

Todo o homem que se entrega ao pecado é seu escravo. (Jo, 8:34)

O organismo humano adapta-se a essas dependências e o psiquismo fixa-se nas sensações. Na falta delas o próprio organismo passa a exigir, em forma de dependências, as doses tóxicas ou as cargas emocionais a que se habituara. A criatura não consegue mais libertar-se, contaminando o corpo e a alma; torna-se, conforme as palavras de Jesus, escravo de si mesmo.

C. Tendências reencarnatórias

O perispírito guarda certos reflexos ou impregnações magnéticas pelas imantações recebidas do próprio corpo físico e do campo mental. As tendências se transportam e, nessas oportunidades de libertação que nos são oferecidas, sucumbimos aos mesmos vícios do passado. A doutrina espírita acrescenta, portanto, um componente reencarnatório às dependências, o que de certa forma esclarece os casos crônicos e patológicos.

D. Influenciação de más companhias

Por outro lado, raramente estamos sozinhos nas dependências. Temos a companhia daqueles que se comprazem conosco dos mesmos males, encarnados ou desencarnados, em maior ou menor identidade de sintonia. Por vezes, entidades espirituais agem hipnoticamente no campo da imaginação, transmitindo as ondas envolventes das sensações e dos desejos que alimentamos.

Conclusão

Jesus veio para recompor a vida, para libertar de todo tipo de mal, especialmente o tipo de mal que opera dentro de nós e nos torna escravos de nossos próprios "pecados". Renovação de atitudes é libertação. No Evangelho, vemos Jesus libertando vários tipos de doentes, do corpo e da alma. Os aflitos buscavam nele essa libertação: "Todos os que padeciam de algum mal se arrojavam a ele para o tocar" (Mc, 3:10). O mal que os aprisionava era vencido.

Busquemos, pois, vivenciar Jesus em nosso íntimo, em nosso interior, para que, tocados pelo seu amor, possamos fortalecer nosso psiquismo e substituir toda "escravidão", toda dependência a algo exterior, pela alegria moral da libertação.

DROGAS LÍCITAS E ILÍCITAS

O QUE SÃO DROGAS LÍCITAS E ILÍCITAS?

Drogas, segundo a OMS (Organização Mundial da Saúde), são quaisquer substâncias que, uma vez introduzidas no organismo vivo, podem modificar uma ou mais de suas funções.

Drogas lícitas são as que têm a sua produção e uso permitidos por lei. São liberadas para comercialização, mas sempre com algum controle governamental, pois podem provocar prejuízo à saúde se usadas sem orientação ou descontroladamente. Alguns exemplos de drogas lícitas no Brasil: álcool, cigarro (nicotina), produtos com cafeína, calmantes, xaropes, anestésicos, anticonvulsivantes, descongestionantes nasais, moderadores de apetite, anabolizantes, alguns inalantes e *ayahuasca* (bebida usada em rituais).

Drogas ilícitas são substâncias proibidas de serem produzidas, comercializadas e consumidas. Elas podem ser estimulantes, depressivas ou perturbadoras do sistema nervoso central, o que perceptivelmente altera em grande escala o organismo. Alguns exemplos de drogas ilícitas no Brasil: maconha, cocaína, crack, ecstasy, LSD, heroína, skank, alguns inalantes, chá de cogumelo, ópio e outras.

Pedagogia "em situação"

Quais os apelos que a televisão oferece com relação ao consumo de cigarro, álcool e remédios? Como se caracterizam as propagandas?

Qual a postura de nossa sociedade em relação ao fumo em lugares públicos? Ainda está na moda fumar?

A ingestão de álcool é valorizada ou desvalorizada em nosso meio? Quais as ocasiões sociais em que nos são sugeridas bebidas alcoólicas?

Quais as mensagens sugeridas à nossa sociedade em relação ao consumo de remédios?

Como a nossa sociedade tem lidado com a questão das drogas ilícitas?

As oportunidades sociais, as festas, as reuniões sociais nos predispõem à compartilha de um drinque, por exemplo. Os meios de comunicação estão sempre sugerindo o prazer da bebida vinculado ao bem-estar social (propagandas, filmes, novelas etc.). Precisamos, porém, ter senso crítico, estar atentos para não cometer exageros e não resvalar por esse hábito social e terminar por se condicionar a ele.

Nossa época não oferece arrimos seguros para o coração do homem. Vivemos em uma sociedade consumista, onde os valores reais são substituídos pela emoção, pelo prazer da moda, pela afirmação social. Em sua insatisfação interior, o homem procura sentido para o que lhe parece confuso. Experimenta caminhos, mas nem sempre encontra; perde-se, tornando-se escravo de dependências, na não realização pessoal, na autoafirmação social.

Causas

A. O meio em que se vive predispõe os indivíduos a despertar para as dependências:
– *O meio em que certos homens vivem não é para eles o motivo principal de muitos vícios e crimes?*
– *Sim, mas ainda nisso há uma prova escolhida pelo Espírito no estado de liberdade.* (*O livro dos Espíritos*, 644)

Por mais que sejamos sugestionados ou influenciados, toda e qualquer iniciativa parte do próprio Espírito. O Espírito é o único ser livre no Universo, mas que, portanto, age com conhecimento de causa. A causa não é nunca algo exterior, mas está em nós mesmos. Se a causa está em nós, nada é mais reconfortante que saber que a libertação também está em nós. Não são as circunstâncias que devem dominar nosso ser, mas nós é que devemos ter *autodomínio* perante as circunstâncias.

A doutrina espírita é evidentemente mais moral: ela admite para o homem o livre-arbítrio em toda sua plenitude; e ao lhe dizer que se pratica o mal, cede a uma sugestão má que lhe vem de fora, deixa-lhe toda responsabilidade, pois lhe reconhece o poder de resistir, coisa evidentemente mais fácil do que se tivesse de lutar contra sua própria natureza. (*O livro dos Espíritos*, 872)

B. Há indivíduos que, além do prazer em-si, buscam nas consequências das drogas (lícitas ou ilícitas) um estado de *liberação de suas tensões*, o esquecimento momentâneo de mágoas ou aflições, um prazer diferente, fingido, para preencher o vazio interior, em função da falta de segurança em si mesmo, ou ainda a busca de autoafirmação social, de prestígio perante os homens.

No entanto, tal estado é sempre uma alteração efêmera de nosso estado de espírito, ao passo que uma alegria real, vivenciada à luz da interioridade de um Espírito que é dono de si mesmo, que encontrou em si mesmo a fonte inexaurível de alegrias, é permanente. Viver contrariando nossa existência por *ilusões mundanas, prazeres passageiros e alienantes* é desperdiçar a nós próprios.

POR QUE PARAR?

A. Para prevenir enfermidades

(...) começo por demonstrar a necessidade de cuidar do corpo, que, segundo as alternativas de saúde e doença, influi sobre a alma de maneira muito importante, pois temos de considerá-la como prisioneira da carne. Para que esta prisioneira possa viver, movimentar-se, e até mesmo conceber a ilusão da liberdade, o corpo deve estar são, disposto e vigoroso. (O evangelho segundo o espiritismo, cap. XVII, item 11)

A1. O zelo e o respeito ao organismo, que nos são legados na presente existência, devem nos levar a compreender que não temos o direito de comprometê-lo. Sob esse aspecto, a doutrina espírita considera o uso de quaisquer tipos de drogas, como uma forma de suicídio indireto, assim como todo tipo de excesso que, indubitavelmente, acarrete consequências maléficas ao corpo físico e ao perispírito.

A2. As drogas não só registram impurezas no perispírito – que são perceptíveis aos médiuns videntes – como também amortecem as vibrações mais delicadas, bloqueando-as, tornando o homem até certo ponto insensível aos envolvimentos espirituais de entidades amigas e protetoras.

A3. É importante ainda considerar que, dentro de uma proposta educativa que a vivência doutrinária nos evidencia, é indispensável àqueles que pretendem dedicar-se ao trabalho de assistência espiritual abandonar o consumo de quaisquer tipos de drogas, pois que eles são veículos de energias vitalizantes, transmitidas no serviço de passes.

A4. O usuário ou dependente, além de tudo, alimenta a dependência de entidades que a ele se apegam para usufruir das mesmas sensações inebriantes. Permanece por vezes sob domínio de entidades que se comprazem do mesmo mal.

Apesar de todos esses constrangimentos, é importante considerar que a dependência não exclui a possibilidade de se possuir grandes virtudes. É assim que afirma *O livro dos Espíritos*:

– Quando o homem está mergulhado, de qualquer maneira, na atmosfera do vício, o mal não se torna para ele um arrastamento quase irresistível?
– Arrastamento, sim; irresistível, não. Porque no meio dessa atmosfera de vícios encontra, às vezes, grandes virtudes. São Espíritos que tiveram a força de resistir, e que tiveram, ao mesmo tempo, a missão de exercer uma boa influência sobre os seus semelhantes. (O livro dos Espíritos, 645)

O fato de consumir drogas não tira o brilho das virtudes nem impede grande mérito nas realizações e conquistas. Por vezes, entre usuários e dependentes, encontramos Espíritos de grande conquista. Todavia, toda dependência impede ao homem a alegria maior de sentir-se um ser livre. Toda dependência de algo exterior a si impede-nos manifestar a qualidade infinita de nossas potencialidades.

B. Para ser livre

Em verdade, em verdade, vos digo, todo o homem que se entrega ao pecado é seu escravo. (Jo, 8:34)

Por "pecado" entende-se aqui todo desvio da lei natural que traça os limites para o homem. "Pecar" é transgredir, agredir sua própria natureza. Ser escravo, efetivamente, consiste em viver dependente de algo exterior a si mesmo.

– *Como definir o limite em que as paixões deixam de ser boas ou más?*
– *As paixões são como um cavalo que é útil quando governa-*

do e perigoso quando governa (...). (*O livro dos Espíritos*, 908)

Quando dependo de algum impulso, ou se vivo subordinação a algo, sou algo distinto de mim mesmo. Sou diferente de mim mesmo, pois vivo do outro, dependo do outro, do cigarro, no caso. Por vezes achamos que o cigarro se traduz em um remédio para nossa insegurança, ao passo que a verdadeira segurança se baseia em não depender de nada que nos advenha do exterior. Ser escravo, portanto, é construir grilhões: os grilhões físicos, e os grilhões psicológicos. No primeiro caso a chave está nas mãos do carcereiro, porém, no segundo caso a chave está nas mãos do próprio prisioneiro. Busquemos, pois, romper essas cadeias interiores para que possamos aqui e agora superar nossas tendências seculares. Sejamos livres, para podermos gozar de plenitude da alegria espiritual. Que possamos ser livres ao vincular o sentido de nossa existência à alegria de dar de si, e não à dependência alienante de algo exterior a si.

Busquemos, pois, romper essas cadeias interiores para que possamos aqui e agora superar nossas tendências seculares. Sejamos livres, para podermos gozar de plenitude da alegria espiritual. Que possamos ser livres ao vincular o sentido de nossa existência à alegria de dar de si, e não à dependência alienante de algo exterior a si.

(...) *Aquele que busca reprimi-las (as paixões) compreende sua natureza espiritual; vencê-las é para ele um triunfo sobre a matéria.* (*O livro dos Espíritos*, 911)

C. Para evitar comprometimentos espirituais

– *O princípio das paixões sendo natural, é mau em si mesmo?*
– *(...) O abuso a que ele (o homem) se entrega é que causa o mal.* (O livro dos Espíritos, 907)

Todos as dependências e paixões têm como princípio originário um sentimento natural, uma busca de prazer com o fim de estimular-nos à conquista da felicidade. No entanto, o mal não está em satisfazer por vezes nossa condição natural, mas no *exagero*, o que gera condicionamentos, os quais por sua vez provocam:
• perturbações enganosas do organismo;
• perturbações no psiquismo;
• problemas espirituais;
• afastamento da natureza espiritual.

1. O consumo de drogas reduz a resistência física e por isso seu usuário pode ser considerado um suicida moral.
– *O homem que perece como vítima do abuso das paixões que, como o sabe, deve abreviar o seu fim, mas às quais não tem o poder de resistir (...) comete um suicídio?*
– *É um suicídio moral. (...) Há nele falta de coragem e bestialidade, e além disso o esquecimento de Deus.* (O livro dos Espíritos, 952)

2. A alteração de estado psíquico, assim como das faculdades intelectuais causadas pelo consumo de drogas, privam a criatura da razão, levando homens probos a cometer desatinos.

– A alteração das faculdades intelectuais pela embriaguez desculpa os atos repreensíveis?

– Não, pois o ébrio voluntariamente se priva de razão para satisfazer paixões brutais: em lugar de uma falta, comete duas. (O livro dos Espíritos, 848)

3. Envolvidos pelos efeitos das drogas, estamos geralmente influenciados por entidades inferiores que nos impedem viver uma situação espiritual plena. Nesses casos há o acompanhamento de entidades que se comprazem na dependência, exercendo grande domínio sobre o indivíduo. No entanto, a causa, o apelo partem sempre de nós, assim como a iniciativa, a cura dependem também de nós.

Essa teoria da causa excitante de nossos atos ressalta evidentemente de todos os ensinamentos dados pelos Espíritos. E não somente é sublime da moralidade, mas acrescentaremos que eleva o homem aos seus próprios olhos, mostrando-o capaz de sacudir um jugo obsessor, como é capaz de fechar sua porta aos importunos. (O livro dos Espíritos, 872)

Como parar?

Há vários métodos que ensinam como parar de consumir drogas, porém, todos partem de um pressuposto: **a vontade.**

– O homem poderia sempre vencer as suas más tendências pelos seus próprios esforços?

– Sim, e às vezes com pouco esforço; o que lhe falta é a

vontade. Ah, como são poucos os que se esforçam! (*O livro dos Espíritos*, 909)

– *Não existem paixões de tal maneira vivas e irresistíveis que a vontade seja impotente para as superar?*
– *Há muitas pessoas que dizem: "Eu quero!" mas a vontade está somente em seus lábios. Elas querem, mas estão muito satisfeitas de que assim não seja. Quando o homem julga que não pode superar suas paixões é que seu Espírito nelas se compraz, como consequência de sua própria inferioridade (...)* (*O livro dos Espíritos*, 911)

A vontade pode ser forte, mas também pode ser fraca. Depende da determinação, no grau de força que imprimimos aos nossos pensamentos e nossas ações. Resistir aumenta a autoconfiança, fortalece nossas potencialidades. Autolibertar-se, porém, é romper os obstáculos que impedem a manifestação, a expressão dos mananciais divinos em nós. A felicidade não se deixa agarrar a nada, ela é em si mesma.

Nesses momentos de dificuldades, quando estamos imbuídos do desejo de libertação, o auxílio do plano espiritual vem a nosso favor, mas sempre se faz necessário *o apoio de nossa própria vontade* para que os Espíritos possam encontrar meios por onde atuar sobre nós.

Muitos afirmam que sua vontade nada pode conter. Quando alguém assim afirma, demonstra que não tem nenhuma vontade de deixar a dependência – nesse caso pouco se pode fazer. Quando se diz "não consigo", estamos revelando falta de confiança em nós mesmos. A falta de confiança em nós mesmos nos leva por vezes a esbanjar muitas vidas. O homem confiante em si magnetiza sua própria condição. A solução não consiste em uma tranquilidade aparentemente serena, mas na luta, na busca de um passo à frente no sentido da evolução.

(O homem de bem) estuda suas próprias imperfeições e trabalha sem cessar em combatê-las. Todos seus esforços tendem a permitir-lhe dizer amanhã, que traz em si alguma coisa melhor do que na véspera. (O evangelho segundo o espiritismo, cap. XVII, item 3)

Portanto, ser "homem de bem" consiste em ter a *coragem moral*. Coragem moral é uma riqueza que revela-se no próprio exercício de superação. Enquanto colocarmos o poder fora de nós, haveremos de continuar no estado de fraqueza. Nada pode limitar-nos senão nós mesmos. Nenhuma circunstância, nenhum meio social, pode levar-nos a realidades inferiores quando temos a vontade de elevar-nos.

Maior é aquele que está em vós do que aquele que está no mundo. (Jo, 4:4)

É assim que Jesus nos ensina que um dos principais atributos de nossa essência divina, que está acima de nossa natureza mundana, consiste na *autossuficiência*. Façamos, pois, de nossas limitações e apegos mundanos motivos de desvelar essa coragem moral, essa riqueza interior, este "ser maior que está em nós".

Quanto mais ele (o Espírito) se depura, mais diminuem suas fraquezas e menos acessível se torna aos que o solicitam para o mal. Sua força moral cresce na razão de sua elevação (...). (O livro dos Espíritos, 872)

Revertamos, pois, o processo: quanto mais nos elevarmos, menos necessitaremos dos apegos mundanos.

A GULA

PEDAGOGIA "EM SITUAÇÃO"
Como caracteriza-se a nossa cultura com relação à alimentação?
Quais e quantas são as propagandas que sugestionam a compra e ingestão de alimentos?
Será que nos preocupamos em ter uma alimentação saudável, escolhendo os alimentos adequados?
A nossa alimentação é excessiva ou moderada?

CONTEÚDO
– *A natureza não traçou o limite necessário em nossa própria organização?*
– *Sim, mas o homem é insaciável. A natureza traçou o limite de suas necessidades na sua organização, mas os vícios alteraram a sua constituição e criaram para ele necessidades artificiais.* (*O livro dos Espíritos*, 716)

A doutrina espírita ensina que todas as paixões e dependências têm como princípio originário uma necessidade natural. Os prazeres que o físico proporciona são regulados por leis divinas, que lhes estabelecem limites em função das reais necessidades, e transpô-los ocasiona consequências tanto mais funestas quanto maiores os desmandos cometidos.

– *O princípio das paixões sendo natural é mau em si mesmo?*
– *Não, a paixão está no excesso provocado pela vontade, pois o princípio foi dado ao homem para o bem e as paixões podem conduzi-lo a grandes coisas. O abuso a que ele se entrega é que causa o mal.* (O livro dos Espíritos, 907)

Todas as paixões têm seu princípio num sentimento ou uma necessidade da Natureza. O princípio das paixões não é portanto um mal, pois repousa sobre uma das condições providenciais da nossa existência. A paixão propriamente dita é o exagero de uma necessidade ou de um sentimento; está no excesso e não na causa; e esse excesso se torna mau quando tem por consequência algum mal. (O livro dos Espíritos, 908)

Consequências

– *Os gozos têm limites traçados pela natureza?*
– *Sim, para vos mostrar o termo do necessário; mas pelos vossos excessos chegais até o aborrecimento e com isso punis a vós mesmos.* (O livro dos Espíritos, 713)

O excesso de alimentação é uma dependência nociva (1) ao organismo e (2) ao psiquismo.

1. A sobrecarga de trabalho que os nossos órgãos são obrigados a desenvolver, sem necessidade, leva ao desgaste prematuro dos órgãos físicos. A quantidade necessária de proteínas, gorduras, sais minerais etc., para manter o corpo físico, é mais ou menos a metade ou a terça parte daquilo que nós normalmente ingerimos. A maioria de nós ingere mais que o necessário. Grande quantidade de alimentos ingeridos não significa ter boa saúde. Mais do que a quantidade, importa a qualidade dos alimentos que ingerimos.

– A *abstenção de certos alimentos, prescrita entre diversos povos, funda-se na razão?*
– *Tudo aquilo de que o homem se possa alimentar, sem prejuízo para a sua saúde é permitido (...).* (O livro dos Espíritos, 722)

– A *alimentação animal, para o homem, é contrária à lei natural?*
– *Na vossa constituição física, a carne nutre a carne, pois do contrário o homem perece (...).* (O livro dos Espíritos, 723)

Com relação à ingestão de alimentos animais, não existe nenhuma postura radical por parte da doutrina espírita. Importa aí a questão das vibrações negativas que a carne pode portar, e que podem, sem que percebamos, atuar sobre nós. A doutrina nada proíbe, ela educa; cabe a cada um agir de acordo com seu foro íntimo.

Embora as proteínas de origem animal sejam importantes à nossa subsistência, a preferência por produtos naturais (cereais, verduras, frutas, ovos, mel, leite e seus derivados) é, por princípio, mais condizente com a natureza da criatura que busca ascender espiritualmente.

2. Por outro lado, todo e qualquer dano ao corpo físico traz consequências nocivas ao Espírito.

A lei de conservação impõe ao homem o dever de conservar as suas energias e a sua saúde, para poder cumprir a lei do trabalho. Ele deve alimentar-se, portanto, segundo o exige sua organização. (O livro dos Espíritos, 723)

A lei natural tem necessariamente como manifestação a conservação da matéria, a qual, por sua vez, é responsável pelo maior ou menor desempenho das faculdades do Espírito. O desrespeito à lei natural nos conduz a um desequilíbrio, portanto, orgânico e psíquico. Para que a alma possa conceber a liberdade, o corpo deve estar são e disposto.

Amai pois, vossa alma, mas cuidai também do corpo, instrumento da alma; desconhecer as necessidades que lhe são peculiares por força da própria natureza, é desconhecer a lei de Deus. Não o castigueis pelas faltas que o vosso livre-arbítrio o fez cometer (...). (O evangelho segundo o espiritismo, cap. XVII, item 11)

É assim que, ao privar-se dos prazeres inúteis, o homem liberta-se da matéria e eleva sua alma. Há um preceito que ensina que "devemos terminar as refeições com fome". É assim que a razão deve constituir em um guia, cuja orientação permite a predominância da natureza espiritual sobre a natureza animal:

Todo o sentimento que eleva o homem acima da natureza animal anuncia o predomínio do Espírito sobre a matéria e o aproxima da perfeição. (O livro dos Espíritos, 908)

Conclusão

Deus lhe deu o atrativo do prazer que o solicita à realização dos desígnios da Providência. Mas, por meio desse mesmo atrativo, Deus quis prová-lo também pela tentação que o arrasta ao abuso, do qual a sua razão deve livrá-lo. (O livro dos Espíritos, 712a)

A apetência é uma *necessidade natural*, já o abuso é uma *necessidade artificial*, criada pela nossa própria mente. Portanto, o ponto de ataque não é o físico, mas a fantasia. O homem, em sua ignorância, não sabe distinguir o *uso* do *abuso*. *Usar* é tirar proveito, porém com moderação; *abusar* é ir além do estado natural, ou seja, desequilibrar-se. Daí a importância do uso ser moderado, o qual exprime alegria, pois do abuso quase sempre nasce a dor. Eis porque progredir espiritualmente é usar bem os empréstimos de Deus. Progredir é superar todo e qualquer apego, para que o Espírito possa vivenciar a alegria de ser liberto.

O homem não consegue a realização plena de si mesmo, enquanto não tiver domínio sobre si mesmo. Porém, a dissonância da natureza humana não é simples contingência natural, mero fenômeno biológico, mas, antes, produto de nossa mente. Daí a necessidade de recolher as projeções que criamos, para não sermos arrastados pelo nosso próprio psiquismo. Que possamos vivenciar o "orai e vigiai", segundo Jesus, por um controle de nossa imaginação, de nossos pensamentos, e não extirpar uma realidade biológica.

Urge, portanto, que, na procura do melhor, aprendamos a respeitar as leis da vida para que possamos ser *mais autênticos, mais nós mesmos, mais libertos*.

O SEXO

PEDAGOGIA "EM SITUAÇÃO"

Como é considerada a questão do sexo em nossos dias? Como os jovens encaram hoje a união sexual? Houve mudanças com relação ao passado?

Quais os valores inculcados pelos meios de comunicação?

Existe uma corrente tendenciosa em nossos dias de dar *livre expansão aos impulsos sexuais*. No entanto, a maioria dos jovens acaba por descer aos labirintos da insensatez, da intemperança, acumulando responsabilidades de toda natureza. Esta tendência incorre numa completa distorção de sentimentos e de respeito. Sexo exige antes de tudo responsabilidade, coisa que bem poucos assumem, em nome do chamado *"amor livre"*.

CONSEQUÊNCIAS DO ABUSO DO SEXO

Em sua imensa maioria, como já dissemos, os homens não sabem distinguir o *uso* do *abuso*. Exageram suas necessidades, acabam por cometer abusos, que por sua vez levam às seguintes consequências:

1. Comprometimento do corpo físico – da *dispersão*

das energias vitais e procriadoras, as consequências para o nosso corpo físico podem ser muito desastrosas, como é o caso de *doenças* por vezes irrecuperáveis.

2. Também pelo abuso sexual comprometemos o *equilíbrio emocional*, enfraquecendo nossa mente com o *viciamento* de nossa imaginação, e embotamos, assim, nossos sublimes valores criadores. Assim como o uso respeitável dos patrimônios da vida engrandece o homem perante Deus e a própria consciência, o abuso, no entanto, pode conduzi-lo aos abismos da *delinquência*.

Causa: o abuso

– *O princípio das paixões, sendo natural, é mau em si mesmo?*

– *Não, a paixão está no excesso provocado pela vontade, pois o princípio foi dado ao homem para o bem e as paixões podem conduzi-lo a grandes coisas. O abuso a que ele se entrega é que causa o mal.* (O livro dos Espíritos, 907)

Segundo O livro dos Espíritos, todas as paixões têm como *princípio originário* uma *necessidade ou sentimento natural*. Deus é amor e, ao criar-nos, fez-nos participantes de sua natureza, isto é, dotados dessa virtude por excelência, carecendo apenas que a desenvolvamos, que a depuremos, que superemos a vida instintiva em função do amor sublimado, que superemos pelas várias instâncias da natureza o *amor sensível* em função do *amor espiritual*.

No passado os estoicos[2] consideravam as paixões todas

---

[2] Indivíduo insensível aos males físicos e morais, de princípios rígidos e austeros.

como sendo más; já Aristóteles dizia que as paixões são boas, porém, desde que controladas. A teoria aristotélica coincide perfeitamente com a tese cristã, pois Deus é o Criador da natureza humana em sua totalidade. Quem afirma que as paixões, parte essencial da alma humana, são más, está indo contra a própria natureza. Ora, a lei divina – ou lei natural – é a mesma, conforme o título do cap. I do Livro III de *O livro dos Espíritos*. A palavra "paixão" é quase exclusivamente usada em sentido negativo; logo é "má paixão". Ora, se todas as paixões fossem más, seria preciso dar-lhes combate até arrancá-las. Não se trata de ir contra a natureza que é divina, mas, antes, de *modificar o valor moral das ações humanas*, visto que estas devem ser *assumidas e controladas pelo Espírito*.

– *Como definir o limite em que as paixões deixam de ser boas ou más?*
– *As paixões são como um cavalo que é útil quando governado e perigoso quando governa.* (*O livro dos Espíritos*, 908)

Tal afirmação nos faz remontar ainda a Platão em o mito dos cavalos alados, ao comparar a alma com uma auriga, a razão, a qual é conduzida por dois cavalos, o da conscupiscência e o cavalo que representa o bem.

Ora, faz parte da natureza humana a existência das paixões, mas também faz parte da perfeição e da natureza espiritual que as paixões sejam assumidas e controladas pela razão. Controladas não no sentido de constrangidas e coibidas forçosamente, mas assumidas e usadas positivamente.

Não proibição, mas educação. Não abstinência imposta, mas emprego digno, com o devido respeito aos outros e a si mesmo. Não indisciplina, mas controle. Não impulso livre, mas responsabilidade. (Emmanuel, no livro *Vida e sexo*)

Desta atividade reguladora do Espírito depende em grande parte a perfeição do homem, a elaboração espiritual de sua vida, a realização de si mesmo. E como exercer essa atividade reguladora?

COMO SUPERAR O ABUSO

Ouvistes que foi dito aos antigos: Não adulterarás. Eu, porém, vos digo que todo o que olhar para uma mulher, cobiçando-a, já no seu coração adulterou com ela. (Mt, 5:27-28)

Todo o Evangelho de Jesus consiste em uma exaltação à vida interior, como sendo a única permanente, e, portanto, real. Assim, mais do que a ação empírica, importa a disposição de nossa alma diante de determinada situação.

É assim que a palavra *adultério* aqui não deve ser entendida no seu sentido restrito, mas como toda atitude interior que revela uma imperfeição da alma. É assim que, segundo o Evangelho, *a verdadeira pureza não está apenas nos atos, mas também no pensamento, pois aquele que tem o coração puro nem sequer pensa no mal.* É assim que importa a educação do Espírito, e não a erradicação do mal.

E quando falamos em educação do Espírito, evidencia-se a modificação de nossa maneira de pensar e de sentir. Importa, pois, no caso, prestar atenção em nossa atividade imaginativa e afetiva. Se porventura vamos além da necessidade natural, há o abuso, que nada mais é que uma necessidade desregrada, construída pela nossa própria mente, pela nossa *fantasia*. O "pecado" por pensamento inicia quando a fantasia começa a enternecer-se diante de alguma situação ou pessoa. E quando essas projeções do Espírito passam a ser frequentes, a paixão se torna uma dependência. Quanto mais compreendemos nosso psiquismo, mais livres, mais autênticos nos tornamos, mais "nós mesmos" somos. É o controle da imaginação, mais do que "arrancar" a paixão, que nos ajuda na luta contra a concupiscência.

Em vez de disciplinar o corpo, importa disciplinar a fantasia. Nisso consiste o sentido da expressão de Jesus: *orai e vigiai*. (Mc, 13: 33). A fantasia – ou imaginação – deve ser valorosa aliada a oferecer inspirações animadoras do Espírito. Nisto consiste a sublimação do amor sensível em função do amor espiritual. Quantas leituras, filmes, propagandas, conversas penetram sorrateiramente nosso psiquismo, desviando preciosas e prementes necessidades do Espírito.

Conclusão

É assim que todos os seres, todas as criaturas do Universo tendem à perfectibilidade. Nesse itinerário, o amor, em sua primeira expressão instintiva, tende a sublimar-se em amor espiritual, à medida que as exigências da razão e da consciência moral se manifestam É assim, no dizer de Emmanuel, que:

O instinto sexual, exprimindo amor em expansão incessante, nasce nas profundezas da vida, orientando os processos de evolução. (No livro *Vida e sexo*)

Quanto mais evoluídos os seres, mais sutis e sublimadas as manifestações do amor. No *amor sensível* apenas situam-se as paixões desvairadas. Já o *amor espiritual*, após estagiar nas várias faixas da evolução, trata-se de uma comoção interior, manifestação compulsiva de sublimadas esferas em forma de forças criadoras, não mais vitais apenas, mas psíquicas e espirituais.

Quanto mais ele (o Espírito) se depura, mais diminuem suas fraquezas e menos acessível se torna aos que o solicitam para o mal. Sua força moral cresce na razão de sua elevação (...). (O livro dos Espíritos, 872)

Quanto mais viver a alegria interior, tanto mais o homem se espiritualizará, mais perfeitamente controlará as paixões. Também o contrário: quanto mais eficiência na direção da vida passional, mais realização espiritual, mais desobstrução dos canais, através dos quais se manifestam os mananciais infinitos do amor divino.

IMPERFEIÇÕES E VIRTUDES

PEDAGOGIA "EM SITUAÇÃO"

Como é considerada a palavra *virtude* em nossos dias? Até parece que esse termo nem mais existe. Pouco se comenta, de um modo geral, sobre a virtude dos homens, no passado tão valorizada.

Quem atualmente valoriza as qualidades e as procura cultivar?

Bem poucos, podemos dizer; em escolas de formação religiosa busca-se ainda inculcar nos alunos os valores espirituais, nas famílias tradicionais existe ainda a preocupação com bons princípios e hábitos, retidão de caráter, o que parece incompatível com os padrões sociais e os valores mundanos que caracterizam nossos tempos. A preocupação com a *ética*, então, ficou para último plano, não é sequer considerada um valor, haja vista a falta de moralidade que caracteriza o comportamento da sociedade atual.

As imperfeições

1. O que são? Quais são?

Por *defeitos* entende-se, não somente as dependências, conforme já vimos, mas sobretudo nossas *imperfeições do ponto de vista moral*, entre as quais podemos citar: *o egoísmo, o orgulho, a inveja, o ódio, a vingança, a maledicência, a impaciência e a intolerância*, às quais nos referiremos em sequência mais adiante.

2. Por que superar?

Porque constituem *impedimentos ao progresso moral, impedimentos a uma consciência livre*, visto que se permanece preso, escravo das próprias más tendências. Assim como existem verdadeiras cadeias psicológicas, no caso das dependências, podemos falar também de cadeias morais, onde não mais nos apegamos ao fumo, gula, sexo, mas permanecemos escravos de maus sentimentos, ódio e orgulho, cujo fardo impede a própria felicidade. A causa de nossa *infelicidade*, portanto, não está *nos outros*, mas reside *dentro de nós*. É impossível alcançarmos a tão almejada *alegria interior*, se ao mesmo tempo vivenciamos o sentimento de ódio, de vingança e, sobretudo, do egoísmo.

3. Como superar?

A. É condição de uma batalha *conhecer* o melhor possível nossos inimigos e suas tendências para não sucumbirmos ao seu ataque. Do mesmo modo, do ponto de vista moral, cabe-nos conhecer os inimigos que habitam dentro de nós. Diz antigo ditado militar que "o preço da liberdade é a eterna vigilância"; também no campo da luta íntima é imperioso *vigiar* para não abrirmos brecha à ação do "inimigo".

B. Necessitamos ainda daquela ferramenta importante: *a vontade, sobre a qual já* refletimos um pouco, e vimos que é a tradução do nosso *querer* diante de algum propósito. É preciso, portanto, "querer" amar, pois o amor também é conquista de cada um. Muitas vezes o querer, sobretudo diante de ideais transformadores, não passa de impulsos fugazes, passageiros, fracos e indecisos. Todo homem pode ser bom e feliz; basta que o queira com energia e constância. Não há alma que não possa renascer, fazendo brotar novas florescências de si mesmo.

C. A vivência do *amor* é muito mais forte que o ódio. Quanto mais amamos, mais nos engrandecemos, mais nos enobrecemos, e gradativamente nossos defeitos acabam por dissipar-se. Cada alma é um gerador de amor, de força, cujo domínio sobre si aumenta à medida que se eleva. Dessa forma, a superação dos defeitos supõe, no dizer de Léon Denis: *conhecer, querer e amar.*

As virtudes

O que são? Quais são?

Etimologicamente, o termo *virtude* vem do latim *virtus*, que significa força. Em seu sentido original significava "coragem", "força" do guerreiro. Mais genericamente passou a significar poder ou aptidão de se fazer algo. No sentido moderno e corrente, significa *capacidade ou potência própria do homem, de natureza moral; disposição à prática do bem.*

É assim que entre as virtudes abordaremos, em sequência,as qualidades essenciais do homem de bem: caridade, humildade, desprendimento, perdão e tolerância.

A virtude, no seu grau mais elevado, abrange o conjunto de qualidades essenciais que constituem o homem de bem. (O evangelho segundo o espiritismo, cap. XVII, item 8)

Influenciada pelo momento histórico em que surgiu, a doutrina espírita se fundamenta em uma ética iluminista, para a qual o conceito de *virtude* consiste em (a) intenção de fazer o bem, (b) desinteresse pessoal e (c) capacidade ou potência moral.

A. Intenção de fazer o bem

Pela própria etimologia da palavra, a *força* permanece como sendo o fundamento da virtude, no entanto, a força no sentido moral se resume na própria *vontade*. É assim que no dizer de Immanuel Kant – cuja filosofia é contemporânea à doutrina espírita – a virtude consiste em:

A qualidade especial e o propósito elevado com que se resiste a um forte mas injusto adversário se chama coragem (fortitudo) *e quando se trata do adversário que a intenção encontra-se em nós, chama-se virtude* (virtus, fortitudo moralis). (Kant, no livro *Crítica da razão prática*)

Assim como ao resistir a um *adversário exterior* desenvolvemos a *coragem*, ao resistir ao *inimigo interior* – aquele que habita dentro de nós – estamos desenvolvendo *a virtude*. No entanto, esse "inimigo" (ou "amigo") interior apoia-se em nossa *intenção*. É assim que a doutrina spírita, assim como para Kant, o conceito de ação virtuosa está fundamentado na *intenção* do indivíduo. Várias são as alusões à "intenção" em O *livro dos Espíritos*:

Já vos respondi ao dizer que Deus julgaria a intenção, e que o fato em si teria pouca importância para Ele. (questão 672)
Deus é justo e julga mais a intenção do que o fato. (questão 747)

É assim que para a ética espírita a virtude não consiste apenas nas boas obras, mas na intenção, ou seja, não somente no que o homem faz, mas no que ele "quer" fazer efetivamente. Não é, pois, pelo conteúdo que uma ação é considerada virtuosa, mas, antes, pela *vontade*, pela *disposição de alma* do indivíduo.

(...) *E se eu distribuísse todos os meus bens em sustento dos pobres, e se entregasse meu corpo para ser queimado, se, todavia, não tivesse caridade, nada disto me aproveitaria.* (1Co, 13:3)
É assim que o apóstolo Paulo define a verdadeira caridade; mostra-a, não somente na beneficência, mas no *conjunto de qualidades do coração*, na bondade e na benevolência para com o próximo. O que não é feito por afeição não produz nem bem nem mal na natureza da criatura.

B. Desinteresse pessoal

– Qual a mais meritória de todas as virtudes?
– Todas têm o seu mérito, porque todas são indícios de progresso no caminho do bem. Há virtude sempre que há resistência voluntária ao arrastamento das tendências; mas a sublimidade da virtude consiste no sacrifício do interesse pessoal para o bem do próximo, sem segunda intenção. A mais meritória é aquela que se baseia na caridade mais desinteressada. (O livro dos Espíritos, 893)

– À parte os defeitos e os vícios, sobre os quais ninguém se enganaria, qual é o indício mais característico da imperfeição?
– O interesse pessoal (...). (O livro dos Espíritos, 895)

A questão do *interesse pessoal* está ligada à intenção, importando considerar *qual o móvel interior de nossas ações*. A isso, Kant respondeu com propriedade:
1. *Imperativo hipotético*: resume-se em se obedecer a um mandamento ou imperativo; em cumprir o dever, porém a ação está *condicionada a uma recompensa* (não ir para o umbral, ter uma encarnação futura feliz, medo que Deus castigue).
2. *Imperativo categórico*: consiste em se respeitar uma obrigação moral pela alegria de fazê-lo, ou seja, o bem pelo bem, o amor pelo alegria de vivenciar o amor, a virtude pela virtude. A virtude não exige recompensa, ela é em si mesma, pois está ligada ao sentimento de alegria.

– *Aquele que faz o bem sem visar a uma recompensa na Terra, mas na esperança de que lhe seja levado em conta na*

outra vida, e que nessa a sua posição seja melhor, é repreensível, e esse pensamento prejudica o seu adiantamento?
– É necessário fazer o bem por caridade, ou seja, com desinteresse. (O livro dos Espíritos, 897)
– Mas aquele que faz o bem sem segunda intenção, pelo prazer único de ser agradável a Deus e ao seu próximo sofredor, já se encontra num grau de adiantamento que lhe permitirá chegar mais rapidamente à felicidade do que o seu irmão que, mais positivo, faz o bem por cálculo e não por ardor natural do coração. (idem, 897a)

É assim que o homem deve buscar cumprir o *dever*, não porque o preserva dos males da vida, mas porque transmite à alma a alegria, o vigor necessário ao seu desenvolvimento. Nisto se resume a *liberdade interior*, a que liberta das *prisões morais*: cumprir o dever pela alegria de cumpri-lo, e não para ser reconhecido ou por recompensa exterior. O homem virtuoso é, portanto, alegre em si mesmo.

C. Capacidade ou potência – de natureza moral

Sede perfeitos, como vosso Pai celestial é perfeito. (Mt, 5:48)

Não está escrito na vossa lei: Eu disse: Sois deuses? (Jo, 10:34)

O reino dos céus está dentro de vós. (Lc, 17:21)

Todo o segredo da perfeição, da felicidade, está na conscientização progressiva das potências divinas que nos habitam. Cada um de nós é uma individuação do

Absoluto. Cabe-nos, portanto, a manifestação cada vez mais grandiosa do que em nós há de divino, e espontaneamente passaremos a um domínio sobre nós mesmos. Essa nossa participação da natureza divina explica a necessidade irresistível do espírito de justiça, de luz, de *transcendência*. É assim que segundo Espinosa, "a perfeição consiste na conscientização das potencialidades do ser". É essa a proposta da educação espírita: desenvolver as potencialidades do ser pela própria conscientização de si mesmo. A prática do bem aumenta, portanto, nossas potências, ao passo que o mal as diminui. Eis o princípio da saúde física e moral.

Vemos, assim, que em todos esses sentidos persiste a ideia de força, capacidade, a permanente disposição para se "querer o bem". O agir virtuoso não é, porém, ocasional e fortuito, mas deve-se tornar um *hábito*, fundado no desejo de continuidade e na capacidade de perseverar no bem.

ORGULHO E HUMILDADE

PEDAGOGIA "EM SITUAÇÃO"

Não podeis ser felizes, sem mútua benevolência, e como poderá esta existir juntamente com o orgulho? O orgulho, eis a fonte de todos os males. Dedicai-vos, pois, à tarefa de destruí-lo, se não quiserdes perpetuar as suas funestas consequências. (O evangelho segundo o espiritismo, cap.VII, item 12)

É importante conhecer os impulsos que estão dentro de nós. No entanto, o trabalho de prospecção interior deve ser suave. Não podemos nos maldizer ou nos martirizar pelos defeitos que ainda temos.

Como se comporta a maioria dos homens com relação ao orgulho? Não serão os valores deste momento que a ele os induzem? Quais são os valores de hoje que poderiam levar o homem a orgulhar-se de si mesmo? Esses valores são ainda importantes para nós?

Em questão de virtude, a nossa percentagem de capricho individual é invariavelmente enorme.

Causas do orgulho

1. Insegurança
A grande insegurança em nós mesmos nos leva a exaltar a nossa personalidade como mecanismo de defesa, no sentido de encobrir algum aspecto que não aceitamos em nós.

2. Amor-próprio ferido
Porque todos buscam o que é seu e não o que é de Jesus Cristo. (Paulo, Fp, 2:21)

Quando colocamos "nosso eu próprio" em qualquer situação, devemos nos preparar para sofrer. É o *eu* que se magoa, é o *eu* que necessita ser reconhecido. E como é pesado o fardo que carregamos do *eu*. O esforço em defesa de nossa *imagem*, de nosso *nome*, de nosso *prestígio*, é mantido com a finalidade de impressionar os outros, para que nos valorizem ou nos considerem, porque assim passamos a gostar mais de nós mesmos. E o mais paradoxal é que alimentamos tal mecanismo porque procuramos o *remédio para nossa insegurança*, quando a verdadeira segurança baseia-se em não dependermos de nada que nos advenha do exterior. Somos potencialidades infinitas, somos a substância divina, e não devemos pautar o conceito sobre nós apenas a partir do olhar dos outros.

A esse apego, Emmanuel atribui a expressão "a cortina do eu":

Por trás da cortina do "eu", conservamos lamentável cegueira diante da vida (...) Em tudo e em toda parte apaixonamo-nos pela nossa própria imagem (...) infelizmente, cada um de nós, de modo geral, vive à procura do "eu mesmo". (Emmanuel, no livro Fonte viva, cap. 101)

As pessoas não sabem o que significa a paz que alcançam quando deixam cair a carga do seu ego. O eu pessoal é uma posição penosa, a que nos esforçamos por manter. Jesus, Paulo de Tarso conquistaram essa desidentificação de si mesmo, e que consiste no maior obstáculo à libertação.

Já não sou eu, é o Cristo que habita em mim. (Paulo, Gl, 2:20)

Nada faço de mim mesmo, mas faço do modo como meu Pai me ensinou. (Jesus, Jo, 8:28)

Não somos nada daquilo que acreditamos ser, nosso corpo, nossas coisas, nossa aparência, nossa reputação. *Somos o que vivemos interiormente.* Todos os homens buscam ligação com Deus, mas ainda se acham distantes da comunhão com a essência divina.

Jesus não se importava com a sua pessoa, mas se sentia como um canal de expressão dos mananciais divinos.

Não vim para fazer a minha vontade, mas a vontade de meu Pai que está nos céus. (Jo, 6:38)

Ele se colocava não como o *eu* que exalta seus méritos, mas como a própria essência divina manifestando-se, uma vez que já está plenamente ajustado ao senso moral e interno.

Em verdade vos digo, o Filho de si mesmo não pode fazer coisa alguma; ele só faz o que vê fazer o Pai; e tudo o que o Pai faz, fá-lo também semelhante o Filho. (Jo, 5:19)

De nada adiante, pois modificarmos nossas atitudes, se não as geramos pela essência divina, pelo senso moral que habita em todas as criaturas. É assim que quanto mais nos fechamos para o *eu,* mais nos abrimos para Deus. Quanto menores formos para o mundo, maiores seremos perante Deus e a nossa consciência.

3. Valores mundanos

Aquele que não encontra a felicidade senão na satisfação do orgulho e dos apetites grosseiros é infeliz quando não os pode satisfazer, enquanto que aquele que não se interessa pelo supérfluo se sente feliz com aquilo que, para os outros, constituiria infortúnio. (O livro dos Espíritos, 933)

O sentimento de orgulho está vinculado à questão de valores. Geralmente o orgulhoso é aquele que dá muita importância aos valores mundanos e julga-se superior, por tal, perante o olhar dos homens. Quanto menos importância dermos às coisas do mundo, menos orgulhosos nos sentiremos, pois "todos os homens são iguais na balança divina; somente as virtudes nos distinguem aos olhos de Deus. Todos os Espíritos são da mesma essência, e todos os corpos foram feitos da mesma massa". (*O evangelho segundo o espiritismo,* cap. VII, item 11) No entanto, existem aqueles que "desejam" com veemência, as coisas deste mundo e o reconhecimento dos homens. Compara a felicidade à aceitação de si pelo outro, quando, ela traduz-se precisamente na ausência de desejos, no bem-estar de si para consigo mesmo. A humildade constitui-se ainda em um estado de ânimo que não vise, sem medida, às coisas mais altas.

EM QUE CONSISTEM O ORGULHO E A HUMILDADE?

1. O orgulho

O orgulho constitui-se, em suma, no *elevado conceito que alguém faz de si mesmo*, na sua *estima excessiva*. Vemos assim que na raiz do orgulho está também o egocentrismo. Traduz-se em paixão que obriga a que se estime mais a si que a tudo quanto há no mundo. Sob esse aspecto, o orgulho é um tirano que torna o homem escravo de si mesmo. Eis assim as características do comportamento orgulhoso, segundo *O evangelho segundo o espiritismo*:

> *O orgulho vos induz a julgardes mais do que sois, a não aceitar uma comparação que vos possa rebaixar, e a vos considerardes, ao contrário, tão acima dos vossos irmãos, quer em espírito, quer em posição social, quer mesmo em vantagens pessoais, que o menor paralelo vos irrita e aborrece. E o que acontece, então? Entregai-vos à cólera.* (cap. IX, item 9)

Entre essas características destacam-se, pois, o fato de o orgulhoso:
• não aceitar críticas, não aceitar seus erros;
• querer ser o centro de atenções;

- apreciar ser elogiado;
- menosprezar o próximo;
- dar demasiada importância à aparência exterior, posição social e prestígio pessoal;
- aborrecer-se quando contrariado.

Todas essas características constituem enormes bloqueios de sentimento, e constituem verdadeiras barreiras para o homem vivenciar a interioridade de forma liberta e plenamente.

2. A humildade

Bem-aventurados os pobres de espírito, porque deles é o Reino dos Céus. (Mt, 5:3)

A humildade é a virtude pela qual *o homem, com sincero reconhecimento de si, avilta a si mesmo.* Ser pobre de espírito é ter grande estima por aquilo que toca o coração, e não com o brilho que encanta os olhos. Ser humilde é vivenciar ausência de espírito de competição e de vanglória. Podemos até ter uma vida material de abundância e conforto, de títulos e conquistas, mas a pobreza na consciência é não sentir-se superior em função desses valores, uma vez que são do mundo, e não fazem parte na hierarquia espiritual, para a qual a superioridade é moral, é o valor maior.

Não façais por espírito de partido ou vanglória, mas com humildade, considerando aos outros superiores a vós mesmos. (Paulo, Fp, 2:3)

O espírito de competição e de vanglória é próprio daquele que quer ser *maior entre os homens*. Estevivencia uma conciliação exterior com Deus. Esquece-se que é mais real a satisfação interior na consciência gloriosa – que se faz pequena perante o mundo pela alegria do amor que vive no santuário do seu coração – do que a glória exterior perante os homens na consciência em conflito. A humildade é própria daquele que, por ser autêntico consigo, se sente sempre menor. *Só é humilde aquele que tem consciência de Deus e da sua essência como amor.* Geralmente, o orgulho é decorrência da falta de convicção em Deus e em si mesmo. Grande é aquele que reconhece a própria pequenez ante a vida infinita. Aquele que sente a grandeza da essência de sua alma, aquele que se sente feliz interiormente, não precisa da aprovação dos homens. A alegria interior é oposta à alegria do mundo.

Todo o que se exalta será humilhado; todo o que se humilha será exaltado. (Lc, 14:11)

É assim que Jesus vivenciou em si mesmo seus ensinamentos. Fez-se o menor perante os homens, mas o maior de todos perante Deus. Demonstrou que os valores do mundo são inversos aos valores do Espírito. Da injustiça dos homens ensinou-nos a justiça perante Deus; vítima do ódio dos homens, deixou uma lição de amor; na humildade da manjedoura nos ensinou a grandeza perante Deus. Rebaixou a si igualando-se aos homens da época, vivendo entre os marginalizados e excluídos da sociedade. Vítima de traição, de abandono, de zombarias, de falsos testemunhos dos homens, vivenciava, no entanto, a glória da consciência tranquila, vivificada pela alegria de seu coração. E, assim, o menor entre os homens da época, fez-se o maior perante Deus.

Inveja e desprendimento

Pedagogia "em situação"
Busquemos indagar por que em algumas vezes temos sentimento de inveja ou ciúmes. Quais as causas que nos levam a deixar-se envolver por tal sentimento? Será por apego, por inconformação? É possível sermos felizes em profundidade, quando ainda invejamos o próximo? Que tipo de sentimento experimentamos nesses momentos?

Por que superar
Inveja e ciúme! Felizes os que não conhecem esses dois germes vorazes. Com a inveja e o ciúme não há calma, não há repouso possível. Para aquele que sofre desses males, os objetos da sua cobiça, de seu ódio e do seu despeito se erguem diante dele como fantasmas que não o deixam em paz e o perseguem até no sono. O invejoso e o ciumento vivem em um estado de febre contínua. (O livro dos Espíritos, 933)

Os sofrimentos materiais são, às vezes, independentes de nossa vontade, mas a inveja, o ciúme, todas as paixões são suplícios voluntários, que tornam o homem escravo de seus próprios sentimentos. Às vezes, a inveja não tem um objeto determinado, mas há pessoas que se mostram naturalmente ciumentas de todos aqueles que parecem estar em um plano superior, seja do ponto de vista material, social, profissional e até mesmo espiritual. Há aqueles que se sentem diminuídos diante daqueles que se elevam, e que saem da vulgaridade, mesmo quando não tenham nenhum interesse direto, mas simplesmente porque não podem atingir o mesmo plano. Tudo aquilo que está acima de seus horizontes os incomoda. No entanto, como é possível praticar o "amar ao próximo como a si mesmo", se ainda não se ama, e se necessita elevar-se acima dos outros para gostar de si mesmo? Tal sentimento paralisa a sensibilidade amorosa da alma. Como ser feliz, como vivenciar a alegria do amor e ao mesmo tempo se comprazer em ver o próximo em uma situação inferior? Será que isso satisfaria nossa consciência perante os homens, ou perante Deus?

Em obediência à verdade, tendes purificado as vossas almas para praticardes um amor fraterno sincero. Amai-vos, pois, uns aos outros, ardentemente e do fundo do coração (...). Deponde, pois, toda malícia, toda astúcia, fingimentos, invejas e toda espécie de maledicência. (1Pe, 1:22 e 2:1)

Onde há inveja não pode haver amor. No ciúme há mais *amor-próprio* do que *amor verdadeiro*. É necessário superar esse sentimento, se quisermos nos libertar espiritualmente das cadeias que nós mesmos criamos, pois *o homem é o único artífice de seus próprios sentimentos morais*. A inveja não se constitui uma maldade, mas, antes, uma *fragilidade* do Espírito que se deixa consumir por *desejos inconsistentes*, em vez de fortalecer-se na convicção dos valores morais, definitivos, que enobrecem o Espírito. Que virtude mais humilde e feliz sentir-se grato por tudo o que se é, o que se tem! Que alegria não carecer de nada! Alegria esta que é tanto mais pura, quanto menos dependentes somos.

Causas

A. O desejo, o apego, a ambição

A primeira causa do sentimento de inveja é o desejo de possuir algo que vemos em alguém ou na propriedade de alguém. Platão já dizia que se não existe uma sociedade ideal é porque o homem vive desejando o que não tem. Isso se explica pelo apreço que se dá aos valores transitórios da existência. Só temos inveja pela importância que damos às coisas deste mundo.

Aprendei a contentar-vos com pouco. (O evangelho segundo o espiritismo, cap. XVI, item 14)

O mais rico é o que tem menos necessidades. (O livro dos Espíritos, 926)

Quem quiser, pois, ser verdadeiramente rico, não aumente a riqueza material apenas, mas diminua a ideia na cabeça. Na verdade, não é pobre o que tem pouco, mas sim o que deseja muito. A inveja é um sentimento moral que parte de nossos próprios pensamentos. É uma concepção de fraqueza e de sentimento de inferioridade perante o outro. Invejoso é aquele que coloca lentes de aumento em coisas ilusórias. Desprendido é aquele que faz de pequenas, grandes coisas; que transforma momentos passageiros e ilusórios, em momentos de alegria interior, quando se aceita como se é e se reconhece o valor e a conquista do outro.

B. Inconformação
Não sejamos ávidos de vanglória. Nada de provocação, nada de invejas entre nós. (Gl, 5:26)

Na raiz do sentimento de inveja está uma certa inconformação com nossa situação (seja profissional, social, espiritual), em relação a alguém em uma posição superior. No entanto, quando se conhece a causa de nossas aflições, *o pobre não tem motivos para acusar a Providência, nem para invejar os ricos, e estes não o têm para se vangloriarem do que possuem* (*O evangelho segundo o espiritismo*, cap. XVI, item 8). Cada qual possui riquezas, posição social etc., por sua vez, para exercitar-se no seu uso. É importante, pois, nos conscientizarmos de que as atuais condições da nossa existência, escolhidas e programadas na espiritualidade, são as que melhores resultados nos podem proporcionar no resgate dos desacertos do passado:

Invejais os prazeres dos que vos parecem os felizes do mundo. Mas sabeis, por acaso, o que lhes está reservado? (O livro dos Espíritos, 926)

Pergunta-se, comumente, por que Deus concede a fortuna a pessoas incapazes de frutificar para o bem de todos. Ora, essa é uma prova da bondade de Deus, que dá condições infinitas a cada um de chegar ao bem por seus próprios esforços. Importante, porém, é o o uso que se faz das dádivas que nos são acrescentadas por empréstimo de Deus; o que hoje não as tem, já as teve no passado; e o que hoje as possui, poderá não tê-las amanhã. É essa a mensagem essencial da "parábola dos trabalhadores da última hora", quando os que haviam trabalhado o dia todo revoltam-se contra o pai de família:

(...) *Eu quero dar a este último tanto quanto a ti* (...). *Porventura vês com mau olho que eu seja bom?* (Mt, 20:14-15)

Esta inconformação é decorrente de nossa limitada compreensão da lei de causa e efeito. A falta de resignação é própria daqueles que desconhecem a justiça divina. A lei do amor é a mesma para todos, porém suas consequências variam de acordo com a qualidade interior, a intensidade de amor que imprimimos ao nosso trabalho, independente da quantidade exterior (aparente) para o mundo.

Consequências

A. Por vezes, ao constatarmos nos outros algo que desejaríamos possuir, manifestamos, mesmo sem perceber, uma vibração de ódio gratuito por com eles, como se fossem culpados pela nossa condição – quando a causa está em nós mesmos. Importa, pois, vigiar nossos sentimentos, para não prejudicar terceiros.

B. Por outro lado, o sentimento de inveja prejudica também a nós mesmos:
Se tua mão te serve de escândalo, cortai-a. (Mc, 9:43)

No sentido evangélico, a palavra *"escândalo"* é muito ampla. Nesse caso, significa *o resultado efetivo do mal moral*. Com essa afirmação, Jesus ressalta a necessidade de destruirmos em nós toda causa de escândalo, ou seja, o mal. É necessário arrancar do coração todo sentimento impuro ou tendência viciosa, para não prejudicar ao próximo nem a si mesmo.

Como superar? – O desprendimento

Frequentemente o homem possui excessiva preocupação com os bens materiais, enquanto dá pouca importância ao aperfeiçoamento moral, o único que será levado em conta na eternidade. Há bens infinitamente mais preciosos que os do mundo, e esse pensamento deve nos ajudar a nos desprender deles. Quanto menos importância dermos às coisas do mundo, menos sensíveis seremos à inveja e menos sofreremos pela nossa condição.

> *O homem só é infeliz, geralmente, pela importância que liga às coisas deste mundo. A vaidade, a ambição e a cupidez fracassada o fazem infeliz. Se ele se elevar acima do círculo estreito da vida material, se elevar seu pensamento ao infinito, que é o seu destino, as vicissitudes da Humanidade lhe parecerão mesquinhas e pueris. (O livro dos Espíritos, 933)*

Não se trata de não desfrutar das coisas do mundo. É próprio do homem sábio usar as coisas e ter nisso a maior alegria possível. O que importa é não depender, não apegar-se às coisas mundanas, ou seja, permanecer senhor de seus sentimentos, em vez de escravo.

É importante, porém, querermos *ser mais puros, por ser mais livres; mais alegres porque mais controlados; mais serenos porque menos dependentes*. Se não tivermos muito, contentemo-nos com pouco, persuadidos de que os que menos necessitam da abundância, desfrutam-na com maior prazer. Em uma sociedade simples, o pão e a água não faltam quase nunca, mas na sociedade rica, o ouro e o luxo sempre faltam. Como ser felizes, uma vez que somos insatisfeitos? Na verdade, não é o ter pouco que importa, é o *poder interior, o contentamento; isto é uma virtude*.

Que virtude mais feliz e mais humilde, que graça mais necessária do que a de sentir-se feliz pelo que se é e pelo que se tem, ou seja, *ser grato*. A força do amor-próprio, no entanto, está na raiz do apego. Ao supervalorizarmos os bens mundanos, estamos vivenciando o *amor a si*, ao passo que na alegria sentida por tudo que o outro é e possui, está *o amor ao próximo*, e no reconhecimento por tudo que somos e possuímos, está o *amor a Deus*.

Portanto, a inveja e a necessidade tiram o brilho do amor, ao passo que *apenas o sentimento de gratidão pode nutrir nosso impulso feliz de generosidade* – não uma gratidão afetiva apenas, mas uma gratidão ativa.

O sublime da caridade é quando conseguimos de fato desejar o bem do outro, e nos felicitarmos com as suas vitórias e conquistas. Isso é verdadeiramente desprendimento e amor.

ÓDIO E PERDÃO

PEDAGOGIA "EM SITUAÇÃO"
É incrível em nossos dias a crescente onda de violência entre as criaturas, a reagirem por nada, sacando uma arma e cometendo trágicos crimes – nas ruas, no trânsito, até mesmo nos meios familiares.

E, como se não bastasse, o assunto é explorado pela imprensa; rádios e emissoras de televisão, nas disputas de maiores audiências, além de ocuparem os temas preferidos nos filmes policiais e de guerra.

Somos induzidos, portanto, por essas imagens, a emoções fortes, que se fixam no subconsciente, e que tanto influenciam nosso estado de espírito, assim como nossas atitudes. Importa a nós, que buscamos viver uma conduta cristã, dar testemunhos de brandura, de compreensão e de perdão, contribuindo assim para o meio em que vivemos e para nossa própria felicidade.

O ÓDIO

O QUE É ÓDIO?

O ódio é uma manifestação dos sentimentos ainda primitivos do homem natural ou animal, que ainda guarda no espírito resquícios do instinto de conservação, sob as formas de defesa, de resistência. Se em seu estado natural, primeiro, o homem reagia fisicamente à agressão exterior, esta reação agora transferiu-se para questões morais: não reagimos apenas a agressões físicas, mas a toda situação em que nosso *amor-próprio* for ferido.

CAUSAS

A. Em geral, o ódio é despertado por *humilhações sofridas*, quando injustiçados, maltratados, traídos no afeto, na confiança, ou quando ofendidos. São as maneiras de não aceitação das ofensas recebidas. Atingidos em nosso orgulho, sentimo-nos assim e permanecemos, então, ruminando inconformações. É o *amor-próprio* ferido.

B. Há também casos de *antipatia irrefletida*, indecifrável, que por vezes sentimos, e que explicam ódios recônditos de outras existências.

C. As manifestações de ódio são ainda sempre intensificadas por Espíritos inferiores, toda vez que *abrimos campo* para infiltrações maldosas, ou descemos nosso nível vibratório ao alcance deles.

Consequências

Os sentimentos decorrentes do ódio são: primeiramente, o rancor, que é a própria permanência dele, quando ficamos alimentando sentimentos contra alguém, nas promessas feitas a nós mesmos de revide; e e m segundo lugar a própria *vingança*, seja através de pensamentos, palavras ou atos.

Não nos deixemos levar ou iludir por essas manifestações desavisadas. Elas são ainda modos de expressão do ódio que está nos corroendo, e tais sentimentos acabam por envenenar a nós mesmos, desagregando nossa própria resistência.

Por que superar?

Se ponderasse que a cólera nada soluciona, que lhe altera a saúde e compromete a sua própria vida, reconheceria ser ele próprio a sua primeira vítima. Mas, outra consideração, sobretudo, deveria contê-lo, a de que torna infelizes todos os que o cercam. Se tem coração, não sentirá remorsos por fazer sofrer as pessoas que ama? (O evangelho segundo o espiritismo, cap. IX, item 9)

É muito infeliz aquele que necessita odiar. E quão feliz é aquele que ama, que vive essa alegria interior, e a faz esparzir a todos ao seu redor. O ódio é tão contrário à nossa natureza, que suas pesadas vibrações acabam por afetar nossa própria saúde. A maior parte das doenças não está no físico, mas é causada pelos próprios sentimentos negativos que alimentamos.

Na referida passagem evangélica fica ainda clara, em especial, a alusão àqueles que são benignos fora de casa, mas verdadeiros tiranos domésticos, que fazem os subordinados suportarem o peso de seu orgulho e de seu autoritarismo. Já aquele, cujos sentimentos não são fingidos, jamais se desmente. Pode-se enganar os homens, mas não a Deus e nem à própria consciência.

Em suma, a cólera não exclui certas qualidades do coração; mas impede de fazer muito bem e pode levar à prática de muito mal. Isto deve ser suficiente para induzir o homem a esforçar-se para dominá-la. O espírita é concitado a isso ainda por outro motivo: o de que a cólera é contrária à caridade e à humildade cristãs. (O evangelho segundo o espiritismo, cap. IX, item 9)

A maioria de nós tem momentos de fraqueza, em que vivenciamos por vezes sentimentos negativos, nas situações até mais insignificantes. No entanto, essas vivências não excluem a possibilidade de o indivíduo ser virtuoso ou de possuir até um coração amoroso. O ódio, porém, constitui o maior obstáculo ao amor e, portanto, o maior obstáculo à felicidade. Por vezes, desperdiçamos momentos ricos de iluminação interior; por vezes desperdiçamos toda uma vida mantendo-nos imantados a alguém pelo sentimento de ódio. É importante, porém, superar esse sentimento contrário à principal lei que rege as relações entre os homens: a lei do amor.

Como superar?

1. No caso dos pensamentos

Buscando afastar de nossos pensamentos as ideias de revide, os planos de vingança, os propósitos de reivindicar direitos por ofensas injustas. Para tanto, devemos alimentar os nossos pensamentos com ideias de compreensão, de tolerância, de perdão, de renúncia. Buscar desarmar os revides que estamos lançando ao próximo. Prestar atenção quando estamos envenenando a nós mesmos. Não importa qual será a reação de nosso opositor, importa o que se passa dentro de nós.

2. No campo das palavras

E o que disser a seu irmão: racca, *será réu no conselho.* (Mt, 5: 22)

Conter as palavras que podem ser pronunciadas com resquícios de ódio, rancor, é o grande desafio para aqueles que buscam uma conduta pautada segundo os moldes evangélicos. É importante lembrar que as palavras são emitidas carregadas da vibração daquele que emite e podemos comprometer seriamente nosso próximo, além de fazer mal a nós mesmos. Podemos incluir no campo das palavras o silenciar na hora propícia. É melhor arrepender-se por algo que deixamos de falar do que por algo que já dissemos, sem podermos voltar atrás.

– Mas, por que uma simples palavra pode ter tamanha gravidade, para merecer tão severa reprovação?

– É que toda palavra ofensiva exprime um sentimento contrário à lei de amor e caridade, que deve regular as relações entre os homens, mantendo a união e a concórdia. (*O evangelho segundo o espiritismo*, cap. IX, item 4)

3. No campo dos sentimentos

Bem-aventurados os mansos, porque eles possuirão a Terra. (Mt, 5:5)

Bem-aventurados os pacíficos, porque serão chamados filhos de Deus. (Mt, 5:9)

Por estas máximas, Jesus estabeleceu como lei a *doçura*, a *mansuetude*, a *afabilidade* e a *paciência*. E, por consequência, condenou a violência, a cólera, e toda expressão descortês para com os semelhantes. (*O evangelho segundo o espiritismo*, cap. IX, item 4)

Mas por que a *doçura e afabilidade* são consideradas virtudes? Porque a doçura é uma **força** (*virtus*); é força em estado de paz, força tranquila e doce, cheia de paciência e de mansuetude. É uma coragem sem violência, uma força sem dureza, é amor em estado de paz, mesmo na guerra, tanto mais forte quanto mais sustenta os combates. O ódio é uma fraqueza, mas o amor é força (*virtus*).

No entanto, não se pode confundir os *pacíficos* a que Jesus se refere com 'pacifistas': os primeiros gostam da paz e estão dispostos a defendê-la, inclusive mediante a força, já os pacifistas recusam toda guerra. Não se deve, portanto, confundir a doçura com passividade, mas antes como poder sobre si, força interior - o que só se descobre na ação.

O Perdão

Pedagogia "em situação"
Perdoar é um grande desafio para todos nós, nas menores coisas que nos envolvem: alguém nos resvala por descuido na rua, já recebe nossa reclamação; aquele que toma a frente na fila do ônibus é logo puxado para trás; um cumprimento menos atencioso do vizinho já nos torna inimigos ferrenhos.

Centralizamos em nós mesmos a importância de tudo e não percebemos o sentido coletivo da nossa existência. É sempre o *eu*, o meu, em mim, ou seja, o egocentrismo. É como se o amor a nós mesmos fosse diminuído e passássemos a ter raiva.

Conteúdo
Se perdoardes aos homens as ofensas que vos fazem, também vosso Pai Celestial vos perdoará os vossos pecados. (Mt, 6:14)

O perdão é complemento da mansuetude, pois os que não são mansos e pacíficos não conseguem perdoar. Geralmente aquele que não consegue perdoar é uma alma sempre inquieta, insatisfeita consigo mesma, de uma sensibilidade amargurada. Aquele que perdoa é calmo, liberto, cheio de mansuetude. Perdoar alguém é receber perdão do Pai, pois libertamos a nós mesmos perante Deus.

Espíritas, não esqueçais nunca que, tanto por palavras como por atos, o perdão das injúrias não deve ser uma expressão vazia. Pois se vos dizeis espíritas, sede-o de fato: esquecei o mal que vos tenham feito, e pensai apenas numa coisa: no bem que possais fazer. (O evangelho segundo o espiritismo, cap. X, item 14)

"Mas há duas maneiras bem diferentes de perdoar: há o perdão dos lábios e o perdão do coração." (*O evangelho segundo o espiritismo*, cap. X, item 15). Muitos dizem "eu perdoo, mas nunca me esqueço do que ele me fez." Ora, este não é o verdadeiro perdão. O que é, de fato, perdoar?

Segundo a referida passagem do Evangelho, o verdadeiro perdão se resume em esquecer o mal que nos tenham feito. No entanto, não podemos entender o "esquecimento" a que o Evangelho nos convida como o fato de "apagar as faltas" de alguém, pois não podemos considerar o que já aconteceu como anulado, como se não tivesse acontecido. Perdoar não é apagar os fatos, mas apagar o sentimento negativo em nós, ou seja, o verdadeiro perdão consiste em *cessar de odiar*. Perdão é a *virtus* que triunfa sobre o ódio, sobre o rancor. Perdoar é renunciar à vingança, é deixar de odiar e, por isso, quem ama verdadeiramente nem precisa perdoar, pois nunca se magoa. "O que você não me perdoaria?" Pergunta o garotinho ao pai. E o pai não encontra nada. Os pais, por exemplo, por amar os filhos não têm o que perdoar, pois o amor toma o lugar do perdão. Jesus era consumido por um amor, mas um amor universal, e por isso dizia, mesmo ao sua vida ser sacrificada:

"Pai, perdoa-lhes, eles não sabem o que fazem." (Lc, 23:34)

Jesus nada tinha a perdoar, pois não tinha ódio no coração. Mesmo sendo vítima da injustiça e de agressão, em nenhum momento ele foi conduzido pelo pensamento do mal, do rancor; ao contrário, compreendia, e por isso rogava à própria justiça divina que os perdoasse.

Se ainda não conseguimos vivenciar esse amor incondicional qual Jesus, busquemos pelo menos combater o ódio em nós. Na impossibilidade de vencermos o ódio em nossos agressores, busquemos pelo menos dominar a nós mesmos. O amor é uma alegria, mas o ódio é uma tristeza a mais, e não no culpado, mas em quem a sente.

No entanto... se por vezes fracos, aprendamos a nos perdoar também!

Vingança e misericórdia

Pedagogia "em situação"

Vivemos a cultura da violência. Sucedem-se genocídios, ações terroristas, movimentos discriminatórios e guerras. A violência passa pela família, pelos ambientes de trabalho, no atendimento aos serviços públicos, no trânsito. A agressão, a vingança, marcam o dia a dia de nossas vidas. Os jovens já são socializados em padrões de violência, pois essa cultura de agressão é amplamente divulgada e reproduzida, pelos meios de comunicação.

Como reagir a essa "cultura de violência"?

Pela cultura da não-violência, que se resume em aprender a "não reagir com violência a uma atitude violenta."

Como a vingança se manifesta?

A vingança se manifesta em nosso íntimo como uma *reação carregada de forte emoção*, por uma ofensa ou agressão dirigida a nós ou mesmo a outrem. São formas de *revide* em discussões acaloradas, ou *propósitos violentos* diante de crimes cometidos a familiares. Em geral, são as emoções muito fortes de ódio que levam ao desequilíbrio e que consequentemente desencadeiam lutas corporais, discussões, e até mesmo atos criminosos.

A vingança é um dos últimos resíduos dos costumes bárbaros, que tendem a desaparecer dentre os homens (...) é um índice seguro do atraso dos homens que a ela se entregam, e dos Espíritos que ainda podem inspirá-la. Portanto, meus amigos, esse sentimento jamais deve fazer vibrar o coração de quem quer que se diga e se afirme espírita. (O evangelho segundo o espiritismo, cap. XII, item 9)

Embora não sejam as ocorrências de vingança revestidas de tanta crueldade como nos tempos bárbaros, elas ainda são muito frequentes em nossos dias. Talvez sua manifestação não seja tão bruta como nos tempos dos bárbaros, mas o sentimento incontido continua a habitar o interior do homem. Toda falta de equilíbrio, de domínio sobre si mesmo e de seus atos é indício de atraso do Espírito.

Por que superar?

1. Para não sofrermos. O ódio e o rancor provocam desequilíbrio e mal estar em quem os sente. A misericórdia, ou seja, o renunciar à vingança, é um sentimento de libertação, portanto de alegria. Querer vingar-se é *estar preso*, é ser escravo de si mesmo.

2. Como podemos galgar degraus na marcha evolutiva, como podemos *aspirar à espiritualidade*, se ainda estamos imantados a outros indivíduos por correntes de ódio?

3. Se o outro errou, cabe no entanto a nós *evitar manchar nosso perispírito* para não sermos infratores das *leis de causa e efeito*, de ação e reação, para não fazermos ao próximo o que não gostaríamos que alguém nos fizesse.

4. O espírita tem ainda mais um motivo para ser misericordioso: *os inimigos desencarnados*. A morte pode livrá-lo da presença material apenas, mas estes podem continuar a manifestar seu ódio, gerando assim obsessões e subjugações, a que tantas pessoas estão expostas.

... não se pode apaziguá-los senão pelo sacrifício dos maus sentimentos, ou seja, pela caridade. (O evangelho segundo o espiritismo, cap. XII, item 6)

Como superar?

Primeiramente, mantendo-nos vigilantes, no sentido de manter a *harmonia* e o *equilíbrio interior*, evitando deixar envenenar-se por pensamentos insistentes de revide. Lembremos que a justiça divina está acima da justiça dos homens.

Sede, pois, misericordiosos, como também vosso Pai é misericordioso. (Lc, 6:36)

A *misericórdia* fundamenta-se na própria *virtude do perdão*. Deixar de julgar, de odiar, é essa a definição de misericórdia. É a virtude que triunfa sobre o ressentimento, sobre o ódio justificado por nós mesmos, sobre o rancor, o desejo de vingança ou de punição.

Trata-se de vencer o ódio em nós, se não pudermos vencer o ódio no outro. Importa sermos capazes de nos dominar, na impossibilidade de dominar o outro. Trata-se de, pelo menos, alcançar a vitória sobre o mal, de *não somarmos ódio ao ódio*, de *neutralizarmos o ódio com o amor*. Por isso nos recomenda Jesus:

Amai os vossos inimigos, fazei o bem aos que vos odeiam, e orai pelos que vos perseguem e caluniam, para serdes filhos de vosso Pai, que está nos céus, o qual faz nascer o seu sol sobre bons e maus, e vir chuva sobre justos e injustos. (Mt, 5:44-45)

Jesus não quis dizer com isso que tenhamos por um inimigo o mesmo amor que temos por um amigo. Não podemos ter confiança naquele que acreditamos nos querer mal. Amar os inimigos é perdoar-lhes sem segunda intenção e incondicionalmente. Não é verdadeiro o perdão que se dá vinculado a uma condição, mas sim o perdão pelo perdão. O perdão condicional não é sincero, mas está preso a uma hipótese, a uma troca, portanto não é libertador. A misericórdia é uma virtude em si mesma, ser misericordioso como o Pai é misericordioso é vivenciar um *sentimento universal* sem distinção, sem discriminação. Esse sentimento universal aumenta a medida em que diminuímos a superestima por nossa subjetividade.

Se a misericórdia é virtude, ela deve valer por si mesma, e não subjetivamente. Aquele que só é justo com os justos, misericordioso com os misericordiosos, não pode ser considerado nem justo nem virtuoso. A virtude não pode ser considerada um mercado de trocas; se assim fosse deixaria de ser virtude.

Reconcilia-te com teu adversário enquanto estás a caminho com ele (...). (Mt, 5:25)
Quando Jesus nos recomenda a reconciliação com o adversário o mais cedo possível, não nos ensina apenas a evitar discórdias no presente, mas a evitar que elas se perpetuem no futuro. Que possamos superar eventuais sentimentos negativos que ainda alimentemos contra alguém o quanto antes, antes que seja tarde demais. Que possamos agir hoje de forma a nada termos de nos arrepender amanhã.

Isto não significa que devamos tolerar os abusos dos brutos. Mas será que precisamos odiá-los para combatê-los? Esta reconciliação não estingue a falta perante a justiça divina, mas sim o rancor dentro de nós. A exigência de ser generoso, de perdoar, não anula as exigências objetivas da justiça. A misericórdia exige a compreensão da incompreensão do outro, sobretudo quando não conhece a Jesus. Em nenhuma passagem do Evangelho, o perdão – ou mesmo a misericórdia como sua fonte – significa conivência, mas indulgência para com o mal, com o escândalo.

Cristo, Paulo e Estevão, deram-nos exemplos desse perdão sem condições, desse perdão que é uma conquista libertadora e não uma troca, e que é a maior vitória sobre si. Reconciliar não é deixar de combater o erro, mas combater o adversário "dentro de si mesmo".

Se estás fazendo a tua oferta perante o altar, e te lembrar que teu irmão tem algo contra ti, deixa ali tua oferta diante do altar e vai te reconciliar primeiro com teu irmão (...). (Mt, 5:23-24)

Jesus nos ensina que o amor e o ressentimento não podem coexistir. Se objetivamos a espiritualidade, se aspiramos à transcendência, se buscamos a alegria interior pela vivência do amor, se nos propomos a dedicar-nos, "diante do altar de Deus" e da nossa consciência ao espírito de missão, não podemos "manchar" a pureza da nossa busca com o ódio. Ao entrar no templo da interioridade importa não ter nenhum sentimento negativo, caso contrário não conseguiremos a comunhão essencial com Deus.

Se alguém vos ferir na face direita, oferecei-lhe também a outra. (Mt, 5:39)

Para o orgulhoso essa frase pode parecer uma covardia, no entanto exige muito mais coragem em suportar um insulto que em se vingar.

Jesus não proibiu com isso a defesa, mas sim a vingança; Jesus não quis sugerir a passividade, mas sim que não resistíssemos ao mal com o mal. (...) É mais glorioso ser ferido que ferir, suportar pacientemente uma injustiça que cometê-la. (O evangelho segundo o espiritismo, cap. XII, item 8)

A ação não é o ativismo, a agitação, a impaciência. A passividade, por sua vez, não é a inação. A manifestação exterior, passiva aos olhos dos homens, implica, porém, atividade do Espírito. Nesse sentido, os julgados passivos perante os homens são os mais fortes perante Deus.

Não julgueis para não serdes julgados (...). (Mt, 7:1)

Temos uma tendência muito grande a discriminar, a julgar e mesmo odiar os infratores da lei. Jesus não proibiu que reprovássemos o mal, pois ele mesmo o fez e em termos enérgicos, porém, ensinou que "a autoridade da censura está na razão da autoridade moral". (*O evangelho segundo o espiritismo* cap. X, item 11)

É assim que na passagem da mulher adúltera (Jo, 8:3-11) ao dizer: "Quem de vocês não tiver pecado, que atire a primeira pedra", Jesus remete para a comunidade a responsabilidade pelo que acontece à mulher, faz cada um olhar para dentro de si e ver que não está em condições de dizer que nada tem a ver com a falta alheia. Jesus não quis provar que a mulher adúltera era inocente, mas fez um apelo à adúltera para voltar à fidelidade e deu uma chance à multidão para se tornar mais humana e se reconhecer também necessitada de compaixão. Fossem os nossos atos avaliados pelas medidas com que julgamos os atos alheios, estaríamos inapelavelmente soterrados de tantos males acumulados em nossa volta.

Bem-aventurados os misericordiosos, porque eles alcançarão misericórdia. (Mt, 5:7)

Além de ser a virtude do perdão e de renúncia ao revide, a misericórdia implica necessariamente brandura e pacificação, molduras que ornamentam os traços nítidos do perdão e da tolerância.

A misericórdia é o complemento da brandura, pois os que não são misericordiosos também não são mansos e pacíficos. (*O evangelho segundo o espiritismo*, cap. X, item 4)

A misericórdia só existe se acompanhada de brandura, ou seja, de um estado de equilíbrio, de paz interior, que não se deixa abalar, mesmo em momentos de conflito. A brandura é a virtude da flexibilidade, da adaptabilidade, do desapego. É assim que a brandura e a doçura em relação aos infortunados tornam-se bondade; em relação aos culpados, tornam-se misericórdia.

No entanto, se ainda não conseguimos o amor aos inimigos como Jesus nos ensinou, cessemos ao menos de odiar. Façamos o bem com o menor mal possível ao outro. Se são felizes os misericordiosos que combatem o mal sem ódio no coração, sejamos, pois, misericordiosos também para conosco.

Maledicência e Indulgência

Pedagogia "em situação"

Como nos comportamos diante de comentários sobre um deslize de alguém? Sentimo-nos atraídos diante da crítica perniciosa? Deixamos transparecer assuntos reservados?

Frequentemente, nas conversações que costumamos manter nos círculos de amizade, manifesta-se a tendência perniciosa de comentar o mal alheio. Quando entra em pauta tecer referências a pessoas, parece até ser irresistível a abordagem dos aspectos mais desabonadores das criaturas. Piores do que isso, são os acréscimos, por conta da imaginação doentia, nas calúnias e interpretações malévolas que se costuma fazer.

O falar mal, a crítica mordaz, a interpretação pejorativa, o comentário malicioso, o julgamento falso, a suspeita comprometedora e a denúncia caluniosa são facetas pelas quais a maledicência se apresenta.

Por que superar

A. O maledicente é um atormentado que se debate na sua própria condição espiritual inferior, pois tem a visão do mundo tomada pelas pesadas lentes que carrega. Há aqueles que se comprazem em comentar os defeitos alheios, sentem uma certa satisfação por encontrar os outros em falta. Tal atitude é "contrária à caridade, pois a verdadeira caridade é simples, modesta e indulgente". (*O evangelho segundo o espiritismo*, cap. X, item 10)
É contra o princípio cristão, segundo o qual não devemos fazer ao próximo o que nãoqueremos para nós mesmos. Como nos sentiríamos se ouvíssemos alguém fazer um comentário pernicioso acerca de nós?

B. A palavra maledicente nasce discreta, muitas vezes acaba por incendiar-se perigosamente, colimando logo mais em calúnia devastadora, e acaba até destruindo a região por onde prolifera. A maledicência é um tóxico sutil que pode conduzir o discípulo de Jesus a grandes desventuras íntimas ao agravar a dor alheia. Importa ao cristão elevar o padrão vibratório do ambiente em que se encontrar. *Atribuir grande importância ao mal alheio é dilatar-lhe a esfera de ação.*

C. *Por que vês tu, pois, o argueiro no olho de teu irmão, e não vês a trave no teu olho?* (Mt, 7:3)
Um dos caprichos da Humanidade é ver cada qual o mal alheio antes do próprio. *Por que condenar nos outros o que desculpamos em nós?* Antes de criticar alguém,

consideremos se a própria reprovação não nos pode ser aplicada. "Quando criticais, que dedução se pode tirar das vossas palavras? A de que vós, que censurais, não praticastes o que condenais, e valeis mais que o culpado." (*O evangelho segundo o espiritismo*, cap. X, item16)

Se nos julgamos superiores àquele que criticamos é porque ainda somos movidos pelo *orgulho*, pelo *amor-próprio*. Eis no fundo o móvel de nossas palavras. Comprazemo-nos na eventual supremacia de nossas qualidades, satisfazemo-nos com o capricho do Eu Superior. Em vez de uma postura espiritualizada que visa ao bem sincero do próximo, estamos antes satisfazendo ao nosso próprio ego. O homem autêntico se ama como é e não como gostaria de ser visto. É isso que distingue o amor a si do amor-próprio.

Não julgueis para não serdes julgados. (Mt, 7:1)

Jesus não ensina com isso que não devamos reprovar o mal, ele mesmo nos deu exemplo disso. Mas, quis dizer que "a autoridade da censura está na razão da autoridade moral". (*O evangelho segundo o espiritismo*, cap. X, item13)

A autoridade legítima não equivale ao sentimento de superioridade, mas ao de perceber o outro de igual para igual. A autoridade não consiste em se achar melhor, mas em querer o bem sincero do outro. Geralmente criticamos no outro o que, mesmo inconscientemente, não aceitamos em nós; neste sentido geralmente medimos o próximo de acordo com aquilo que somos e sentimos. Aquele que é feliz consigo mesmo, só consegue ver o bem no outro.

D. *Irmãos, não faleis mal uns dos outros. Quem fala mal de um irmão, fala mal da lei e julga a lei, já não é observador da lei, mas juiz.* (Tg, 4:11)

Esclarecer reclama a energia serena em afirmativas incisivas, no entanto, importa verificar quais os sentimentos, qual a emoção que estamos imprimindo às nossas palavras, pois em assim sendo, em vez de sermos cooperadores de Deus acabamos por ser críticos de suas obras. Cada irmão é a essência de Deus, importa, pois, não vermos a deuses só a nós mesmos, mas enxergar a presença de Deus em cada irmão que a nós se achegar. E Jesus soube enxergar a Deus mesmo nos mais marginalizados e excluídos da sociedade.

E. *Há culpa em se estudar os defeitos alheios?*
– Se é com o fito de os cultivar e divulgar, há muita culpa, porque isso é faltar com a caridade; se é com intenção de proveito pessoal, evitando-se aqueles defeitos, pode ser útil (...). (O livro dos Espíritos, 903)

Não é culpável a observância do mal. O erro está em fazer observações *em prejuízo do próximo*. Tudo depende da intenção: "Deus é justo e julga mais a intenção que o fato". (O livro dos Espíritos, 747). Se a intenção for denegrir, por prazer de fazê-lo, a censura é uma maldade, mas se a intenção for útil, é um dever que a caridade manda cumprir, mas com muita cautela. E nós sabemos qual o verdadeiro móvel de nossas ações e de nossas palavras.

Não é aquilo que entra pela boca que mancha o homem, mas aquilo que sai dele, eis o que mancha o homem. (Mt, 15:11)

Importa, pois, a qualidade dos sentimentos que nos levam a tecer comentários, importa nosso interior perante Deus e perante nossas consciências. Certamente que, quando imbuídos de um sentimento amoroso, não sentiremos nenhuma satisfação diante dos defeitos alheios. É importante "vigiar" não só nossas conversações, mas nossos sentimentos, pois esses são mais autênticos que nossas palavras.

Como superar

1. Tanto quanto possível busquemos extinguir esse sentimento conflitante que nos domina e impede nossa serenidade, nossa *paz íntima, buscando afastar o hábito* de criticar a quem quer que seja.

2. *Sede, pois, severos convosco e indulgentes para com os outros.* (O evangelho segundo o espiritismo, cap. X, item16)
Não se deve esquecer que a indulgência para com os defeitos alheios é uma das virtudes compreendidas na caridade. Antes de censurar as imperfeições dos outros, vede se não podem fazer o mesmo a vosso respeito (...). (O livro dos Espíritos, 903)

Quando vier a tentação de acusar ou apontar os defeitos alheios, lembremo-nos das nossas próprias limitações e das nossas próprias necessidades. Querer bem é se sensibilizar com a eventual fraqueza do outro, e não diminuí-lo perante os outros, pois certamente, não gostaríamos que fizessem o mesmo conosco. *Coloquemo-nos no lugar do outro e avancemos firme na resolução de compreender, aceitar e se possível, de encobrir os supostos erros diante de terceiros.*

3. A *indulgência não vê os defeitos alheios, se os vê, evita comentá-los e divulgá-los. Oculta-os, pelo contrário, evitando que se propaguem, e se a malevolência os descobre, tem sempre uma desculpa à mão para os disfarçar (...)*. (*O evangelho segundo o espiritismo*, cap. X, item16)

Em vez de evidenciar erros e falhas *em nosso lar*, transformemos o ambiente através de esclarecimentos tranquilos e objetivos. Nessas ocasiões, as palavras suaves, o coração indulgente exercem uma atuação benfazeja, qual lenitivos para a alma.

4. De acordo com mensagem de Irmão X, denominada "Os três crivos" (no livro *Mensagens de saúde espiritual*), analisemos se nossas palavras passam primeiramente pelo *crivo da verdade*, depois pelo *crivo da bondade*, e, por fim, pelo *crivo da necessidade*.

Impaciência e Tolerância

Pedagogia "em situação"

Em meio à pressa e correria do dia a dia, como conquistarmos a paciência e a tolerância?

Temos compromissos com horários e múltiplos encargos a saldar, providências a serem tomadas simultaneamente, trânsito a vencer, e o relógio sempre a nos atormentar. Tudo isso nos induz a um clima de neurose e tensão. Sempre atrasados, vivemos qual autômatos, sem ponderar, sem considerar os sentimentos ou mesmo as limitações daqueles com os quais convivemos.

O homem moderno caracteriza-se pela preocupação com as metas profissionais e particulares a cumprir, com os objetivos lucrativos a serem alcançados. Como sermos mansos e pacientes nessa turbulência? A irritação e o desequilíbrio emocional nunca foram tão acentuados como nos dias atuais.

Causas

Nas manifestações em que expressamos a impaciência, a primeira providência é *indagar pela sua origem*, o que a gerou, e a partir de então ponderar sobre a verdadeira *importância daquilo que nos intranquiliza*. Muito provavelmente perceberemos *desejos, ambições*, que necessitam ser atenuados, para eliminarmos a tensão nervosa tão frequente em nosso dia a dia.

Geralmente somos *impacientes* quando manifestamos *inconformação* conosco ou com alguma situação que não podemos mudar, quando expressamos *irritação* por não alcançarmos determinado objetivo, quando temos *urgência* com relação a *valores imediatos*.

Somos ainda *intolerantes* quando não perdoamos, quando exigimos que os outros – e todo o mundo – sejam tal qual gostaríamos. A intolerância tem como causa a *austeridade, a severidade exagerada, a não-aceitação* de infrações que alguém possa cometer.

Como manifestam-se

A impaciência

O indivíduo impaciente geralmente é nervoso, precipitado e apressado.

Não aceita a si mesmo naquilo que não conseguiu realizar, e nem aceita os outros quando não são qual gostaria que fossem.

Não consegue manter-se calmo ou equilibrado quando tem que aguardar.

O indivíduo impaciente geralmente é ansioso, por vivenciar sempre uma insistência intranquila dentro de si. Seu lema é "apresse-se sempre".

A intolerância

Manifesta-se geralmente no indivíduo intransigente. Não tolera faltas alheias e vive reclamando obrigações dos outros.

Quando em funções de mando é por demais severo, re-preendendo severamente o subalterno.

É muito rígido em suas determinações e apegado ao desejo de que as coisas, o mundo, as pessoas fossem como gostaria. Seu senso de análise e de crítica é muito forte. Sofre porque não perdoa as falhas humanas; falta-lhe a moderação nas apreciações para com o próximo.

COMO SUPERAR

A intolerância

O verdadeiro caráter da caridade é a modéstia e a humildade, e consiste em não se ver superficialmente os defeitos alheios, mas em se procurar salientar o que há de bom e virtuoso no próximo. (O evangelho segundo o espiritismo, cap. XVIII, item 18)

Precisamos romper em nós as algemas do apego à imagem que idealizamos com relação ao mundo e às pessoas. Não podemos pretender exigir de outrem aquilo que ele não pode nos oferecer. Importa *aceitar e respeitar* as criaturas mesmo dentro de suas limitações, mesmo quando corrompidas, criminosas ou viciadas. O amor universal, a que a verdadeira caridade nos convida, fundamenta-se em *vivenciar o amor em si mesmo,* independentemente de preconceitos ou discriminações.

Aquele que só é justo com os bons, generoso com os pródigos, misericordioso com os mansos, não é nem justo, nem generoso, nem misericordioso. Tampouco é tolerante aquele que só o seja com as pessoas boas. Se a tolerância é uma virtude, ela vale por si mesma, e, sobretudo, para com as pessoas mais difíceis. *Virtude que discrimina não é virtude.*

*Tolerar traduz-se*por *não exigir, compreender* e respeitar as condições ou limitações das pessoas. Mais do que isso, tolerar não é suportar, mas encarar a todos com o pressuposto de que possuem uma essência espiritual, e enquanto tal são necessariamente dotados de bons sentimentos, e com infinitas potencialidades latentes a serem manifestas.

Ser tolerante consiste, portanto, em *eliminar a intransigência* em nossas análises críticas em relação ao próximo; evitar comentários deselegantes; afastar sentimentos de mágoa ou inconformação por algo contrário à nossa vontade.

Sede indulgentes, meus amigos, porque a indulgência atrai, acalma, corrige, enquanto o rigor desalenta, afasta e irrita. (O evangelho segundo o espiritismo, cap. X, item16)

Tolerar não consiste, porém, em desprezar o rigor e a disciplina, mas antes em desvincular a exigência de rigor do *eu pessoal*. Geralmente não toleramos nada que possa contrariar a vontade do *eu*. No entanto, ser tolerante é aceitar que o homem não é mal, mas fraco, é *libertar-se das amarras do querer pessoal*, do querer para si, do satisfazer a si mesmo. Tolerar é aceitar o outro como é, sem esperar ou exigir que seja como idealizamos. Severidade exagerada, austeridade, são excessos que revelam autoritarismo sobre o próximo e não amor compreensivo. Por isso, por vezes os tiranos são os mais respeitados, mas também os mais odiados. Só há tolerância se houver renúncia a si mesmo.

Por outro lado, todos seríamos muito mais tolerantes e indulgentes com os demais, se considerássemos quanta tolerância e indulgência necessitamos. Somos todos portadores de erros e fraquezas; perdoemo-nos reciprocamente nossos defeitos, é esta a lei que recomenda um amor universal. Por isso que *jamais conseguiremos tolerar, se não formos humildes*. Humildade e misericórdia andam juntas e é esse conjunto que conduz à tolerância.

A IMPACIÊNCIA

Sede pacientes. A paciência é também caridade e deveis praticar a lei de caridade ensinada pelo Cristo, enviado de Deus. (O evangelho segundo o espiritismo, cap. IX, item 7)

A paciência serena, tolerante, a aceitação tranquila, a vigilância ponderada são todas reações que podem mudar essa atmosfera turbulenta que caracteriza nossos dias.

Cada um de nós poderá identificar, nos momentos diários, as ocasiões em que deverá aplicar a paciência e a mansuetude:

• Reagindo de todos os modos possíveis às induções constantes de desentendimentos, discussões e irritações, *silenciando os impulsos de inconformação*, de revide ou de defesas, que possam nos levar ao desequilíbrio.

- Evitando no trânsito ou nas ruas as *reclamações* de nossos direitos transgredidos pelos outros. Uma atitude serena de renúncia desperta muito mais a quem não percebeu a infração cometida.
- Quando em climas tensos, no lar ou no trabalho, recorrendo à *prece* e à *leitura tranquilizante*, no sentido de *revigorar-se interiormente* com energias renovadoras.
- Aceitando com amor aqueles colocados em nossos caminhos como oportunidade de superação de nós mesmos ou de libertar a nossa consciência em função de falhas do passado.
- *Não se revoltando diante das dificuldades* da vida, mas saber aceitá-las de forma serena e equilibrada. Abençoar a dor que nos foi enviada na certeza de que Deus, através dela realiza em nós as melhores transformações. As almas que sabem sofrer têm paciência infinita.

Segundo um provérbio holandês "mais vale um punhado de paciência do que um barril de talentos". Todo o poder do homem está no seu equilíbrio interior; sua força está em saber aceitar, saber esperar, sem apegos. O domínio pacífico é um misto de paciência e de tempo; se somos eternos por que ter sempre pressa?

Porque necessitais de paciência, para que, depois de haverdes feito a vontade de Deus, possais alcançar a promessa. (Hb, 10:36)

Todos nós desejaríamos que as respostas aos nossos anseios fossem imediatas; no entanto, a paz aparente não tem sentido, se não tivermos ainda superado em nós mesmos nossas limitações ou problemas do passado. Importa educar nosso interior, libertar-se dos constrangimentos da consciência, para que, após cumprirmos a vontade do Pai, alcancemos o cumprimento da "promessa". Sem dúvida que alcançaremos nossos projetos de felicidade mas, antes disso, é preciso liquidar com paciência as dívidas que contraímos perante a lei. *Sejamos pacientes conosco*, e esperemos nosso amadurecimento interior para podermos colher os frutos na hora certa. *De nada adianta correr, importa chegar na hora certa.*

Na verdade, tolerar e ser paciente não constituem as virtudes maiores, mas as menores. O ideal atingiremos quando não tivermos o que tolerar, o que suportar, mas aceitar a realidade sem apegos ou esforços. A tolerância é uma solução passageira, provisória, até que os homens possam simplesmente compreender-se.

Assim como a *simplicidade* e o *equilíbrio* são as virtudes dos sábios, a *tolerância* e a *paciência* são virtudes pequenas para aqueles que, como nós, ainda não são nem uma coisa nem outra.

ONDAS MENTAIS

PEDAGOGIA "EM SITUAÇÃO"

É muito importante o estudo sobre o pensamento, seus poderes e ação, pois é a causa inicial de nossa elevação ou de nosso rebaixamento.

Geralmente, no dia a dia, refletimos os vários pensamentos incoerentes do meio em que vivemos e raramente pensamos por nós mesmos. Poucos homens sabem viver do próprio pensamento, e do reservatório imenso de riquezas que possuem. Fazemos parte de vários tipos de ambiente, onde os raios do bem coexistem com os raios do mal, e o Espírito passa a assimilar tais sugestões, tornando-se morada para todo tipo de pensamento. É importante aprender a fiscalizar os pensamentos, disciplina-los e imprimir-lhes rumo nobre e digno.

É assim que o espiritualismo experimental, em especial a obra *Mecanismos da mediunidade*, de André Luiz, permite-nos perceber e compreender toda a força da projeção do pensamento, que é o princípio da comunhão universal.

Por que superar

O pensamento é criador. Atua não somente em volta de nós, influenciando nossos semelhantes para o bem ou para o mal, mas atua, sobretudo, em nós mesmos.

A. Assim como Deus projeta seu pensamento criando seres e mundos, nosso pensamento também está continuamente atuando *sobre terceiros, elevando ou não o ambiente* em que estejamos. Seja em momentos insignificantes ou através de grandes obras, o homem está sempre inspirando ideias, transmitindo sentimento e emoções, cujas vibrações poderão influenciar, para o bem ou para o mal, segundo a natureza do pensamento. *Somos obreiros do pensamento.*

Sempre que pensamos, expressando o campo íntimo na ideação e na palavra, na atitude e no exemplo, criamos formas-pensamentos ou imagens-moldes – qual uma televisão – que arrojamos para fora de nós, pela atmosfera psíquica que nos caracteriza a presença.

Sobre todos os que nos aceitem o modo de sentir e de ser, consciente ou inconscientemente, atuamos à maneira do hipnotizador sobre o hipnotizado, verificando-se o inverso, toda vez que aderimos ao modo de ser e de sentir dos outros. (André Luiz, no livro Mecanismos da mediunidade)

B. Por outro lado, enquanto obreiros do pensamento, atuamos sobretudo *sobre nós mesmos.* Nossos pensamentos geram nossas palavras, nossas ações, nossos momentos e com ele construímos o edifício de nossa vida presente e futura. Modelamos nossa alma e seu invólucro com os nossos pensamentos; estes produzem formas ou imagens que se imprimem na matéria sutil de nosso perispírito.

Fundamentos

A substância de todos os fenômenos do Espírito baseia-se no pensamento ou na radiação mental, a expressar-se por ondas de múltiplas frequências. Comparando essas ondas à onda *hertziana*, o nosso cérebro funciona como um aparelho emissor e receptor ao mesmo tempo. André Luiz, em *Mecanismos da mediunidade*, compara nosso pensamento a uma televisão:

De igual maneira, até certo ponto, o pensamento, a reformular-se em ondas, age de cérebro a cérebro, quanto a corrente de elétrons, de transmissor a receptor em televisão.

É assim que, sempre que pensamos, criamos formas-pensamentos ou imagens-moldes. O campo espiritual de quem sugere os pensamentos assemelha-se à câmara de imagens do transmissor vulgar.

Assim como a televisão possui como implementos as peças empregadas para a emissão e recepção das correntes eletrônicas, o cérebro, ou cabine de manifestação do Espírito, possui nas células os implementos que lhe permitem exteriorizar as ondas que lhe são características, a transportarem consigo estímulos, imagens, vozes, cores, palavras e sinais múltiplos, através de vias aferentes e eferentes, nas faixas de sintonia natural.

É assim que, cada um de nós, dispõe de oscilações mentais próprias, pelas quais entra em combinação espontânea com as ondas de outras entidades, encarnadas ou desencarnadas, que se lhe afinem nos interesses e inclinações. Cada Espírito, pelo poder vibratório de que seja dotado, imprimirá aos seus recursos mentais o tipo de onda que lhe define a própria personalidade.

COMO SUPERAR

A. A vontade

E para manejar as correntes mentais, em serviço das próprias energias e de assimilação das energias alheias, dispõe a alma, em si, da alavanca da vontade, por ela vagarosamente construída em milênios e milênios de trabalho automatizante. (Op. cit.)

Em seu estado primevo, a vontade manifesta-se em forma de *necessidades naturais*, presa ainda ao instinto de conservação. É assim que o homem, de início, limita a sua vontade a uma simples "tendência". Ele mesmo repele as vibrações que podem levá-lo a burilar-se para deter-se no reino afetivo das vibrações que o atraem, entretendo-se na egolatria.

À medida que o ser evolui, *a vontade prazerosa* passa a ser superada pela *vontade de autodomínio*, manifestando-se assim a alegria do autoaperfeiçoamento. Em um grau mais adiantado, esse querer passa a ser gerado interiormente, por um *impulso generoso*, é quando realmente desejamos o bem do próximo. É assim que a força de nossas ações é impulsionada pelo desejo do bem, assim como a força de nosso pensamento e de nossas preces é gerada pela nossa vontade.

A energia da corrente está na razão direta da energia do pensamento e da vontade. (O evangelho segundo o espiritismo, cap. XXVII, item10)

B. A prece

A prece é importante, pois, à medida que a oração se torna um hábito, nosso ser *impregna-se* pouco a pouco, das *qualidades de nosso pensamento*. É por isso que uma prece ardente, improvisada, gerada por um impulso da alma, feita com vontade e persistência atinge o nosso ser e o outro, qual uma transmissora de televisão. Por outro lado, a prece é a mais sublime forma de educação do espírito, onde o ser transcende a si mesmo no amor que gera suas palavras. *Só o amor sincero é gerador de bons pensamentos.*

Da mesma forma, na meditação, o Espírito volta-se para o lado solene das coisas, e a luz do mundo espiritual banha-o com suas ondas. O recolhimento é sempre fecundo no desenvolvimento do pensamento.

C. Sintonia com Espíritos elevados

Arremessa a criatura, naturalmente, a própria onda mental na direção de Espíritos que penetraram mais amplos horizontes de evolução. (André Luiz, op. cit.)

Não basta crer e saber, é necessário fazer permanecer na vida diária os princípios superiores que adotamos. Daí a necessidade de comungar, pelo pensamento e pelo coração com Espíritos eminentes, reveladores da verdade, sentir-lhe a influência pela percepção íntima.

D. Elevação do ambiente

Pelo pensamento estamos contagiando silenciosamente aqueles com os quais convivemos, emitimos ondas mentais, que colaboram na sustentação do ambiente. Pensamentos de otimismo geram bem-estar e bom ânimo; pensamentos amorosos equilibram, pensamentos de fé fortalecem.

E assim, pouco a pouco, obreiros do pensamento que somos, entraremos cada vez mais em sintonia com os mananciais inexauríveis do amor e do saber, e conseguiremos levar *à alma do próximo vibrações de forças divinas*.

Reflexo condicionado

Pedagogia "em situação"
Se atentarmos para as nossas vivências do dia a dia, veremos que nossa vida constitui-se de uma contínua aquisição de hábitos, que acabam por nos condicionar, moldando assim nossos pensamentos, nossas ações, nossa personalidade, determinando assim todo o nosso ser. No dia-adia infinitas sugestões do meio em que vivemos encorajam essa ou aquela ligação, esse ou aquele hábito. O discernimento deve ser assim, usado por nós à feição de leme, para que possamos orientar nosso ser, e não sermos dirigidos, condicionados pelo exterior.

Por que superar
Toda mente vibra de acordo com estímulos com os quais se identifica. Dessa forma geramos e exteriorizamos infinito *potencial de forças eletromagnéticas* que atuam sobre mentes que se identifiquem conosco, e nelas recolhemos ao mesmo tempo o que lhes é característico. *Nessa exteriorização de ondas atingimos a terceiros e, sobretudo, impregnamos nosso próprio ser.* Grande é nossa responsabilidade

perante os outros como para conosco mesmos. Importa, pois, ter o discernimento necessário no sentido de descondicionar eventuais hábitos ou pensamentos, ligados, por vezes mesmo inconscientemente a sugestões nocivas, assim como criar hábitos salutares que levem a fortalecer nossa postura interior, elevando-a, sublimando-a.

Em que consiste

Recorramos a célebre *teoria de Pavlov*: em uma de suas experiências com cães. apresentou-lhes um pedaço de carne, os cães não segregavam saliva, senão quando a carne lhes fosse colocada na boca. No entanto, depois de repetidas experiências, os animais acabaram por formar a mencionada secreção, sempre que o alimento lhes fora apresentado à vista ou ao olfato.

Há, assim, *dois tipos de reflexos*: o congênito, que no caso dos cães seria o patelar, por exemplo; e o reflexo condicionado ou adquirido, que seria a reação desencadeada pelo hábito.

Com relação aos *reflexos congênitos ou incondicionados,* no caso do ser humano, temos, por exemplo, os reflexos alimentares, posturais, sexuais, detentores das vias nervosas próprias. São aqueles que permanecem em nosso perispírito no decorrer das experiências nas várias instâncias da natureza. Os *reflexos condicionados ou adquiridos* são aqueles que não surgem espontaneamente, mas sim conquistados pelo psiquismo no curso da existência.

Os reflexos adquiridos ou condicionados, que se utilizam da intervenção necessária do córtex cerebral, desenvolvem-se so-

bre os reflexos preexistentes, à maneira de construções emocionais, por vezes instáveis, e sobre os alicerces das vias nervosas, que pertencem aos seguros reflexos congênitos ou absolutos. (André Luiz, no livro Mecanismos da mediunidade)

Percebemos assim, que os princípios da reflexão podem ser aplicados aos reflexos psíquicos. No caso do cão, por exemplo, o alimentar-se é um hábito, porém, um reflexo necessário, já o preferir carne é um hábito adquirido, formando novas impressões sobre um campo de sensações naturalmente consolidadas. É assim que os reflexos congênitos podem tornar-se condicionados, por mecanismos de associação. Igualmente, nossas paixões naturais, enquanto reflexos congênitos, podem se tornar condicionamentos, gerando os chamados *vícios*, a que já nos referimos anteriormente. O que são os vícios senão nossos reflexos congênitos condicionados ao apego, gerados ou associados a situações repetidas do passado? O que são nossas *fixações mentais* senão condicionamentos psíquico-emocionais? E a quantas situações não condicionamos nossa forma de ser no dia a dia?

Todo homem que se entrega ao pecado é seu escravo. (Jo, 8:34)

É ainda por falta de discernimento e senso crítico que vivenciamos por tanto tempo o *mito*, que nada mais é que autossugestão, um condicionamento de nosso interior ao exterior, quais talismãs, objetos sagrados, rituais etc.

É importante atentarmos conscientemente a que tipo de hábitos mentais ou condicionamentos estamos

cedendo, a quais estímulos estamos aderindo, pois todo condicionamento é gerado por *agentes de indução:*
Uma conversação, essa ou aquela leitura, a contemplação de um quadro, a ideia voltada para certo assunto, um espetáculo artístico, uma visita efetuada ou recebida, um conselho ou uma opinião representam agentes de indução, que variam segundo a natureza que lhes é característica, com resultados tanto mais amplos quanto maior se nos faça a fixação mental ao redor deles. (André Luiz, op. cit.)

Como superar

Diante disso tudo, fica evidente a necessidade de empregarmos o livre-arbítrio que caracteriza nossa natureza espiri-tual, não somente no sentido de sermos livres para escolher, mas para *discernir* entre o certo e o errado, de forma a libertar, engrandecer verdadeiramente o espírito.

É importante, por outro lado, não somente descondicionar nosso psiquismo, superando maus hábitos, tendências e viciações, mas antes torná-lo incondicionado por uma *vivência de ordem superior,* ou seja, impregnar nosso ser com hábitos e comportamentos salutares, gerados por *estímulos superiores, como: conversas elevadas, a reflexão e a leitura, bons pensamentos, a oração, trabalhos de doação contínua etc. Isso é renovação interior, e não apenas refrear nossas atitudes.*

A. Conversação elevada

O que sai da boca procede do coração, e isso contamina o homem. (Mt, 15:18)

É razoável não impedir o próximo de falar aquilo que lhe pareça conveniente; no entanto é importante reter apenas o que nos seja útil e necessário. Em todos os momentos convivemos com pessoas, sendo todas portadoras de mensagens. Se o mensageiro não traz solicitações ao bem, convém negar-lhe ouvidos.

Por outro lado, sabemos que o verbo é criador e que a alegria ou a elevação semeada volta em ondas invisíveis a reconfortar a fronte que o emite. Há imponderáveis energias edificantes geradas pelos bons pensamentos que iluminam o ambiente. É imprescindível vigiar a conversa que entretemos, pois os elementos psíquicos que exteriorizamos permanecem em nós. A palavra sempre procede de nosso coração, de nossa condição espiritual e por isso nos contamina.

B. Reflexão e leituras elevadas

Quase sempre os pensamentos bailam, a imaginação voa, explorando as esferas de atração. O hábito da leitura edificante sempre é salutar ao Espírito, como meio de sintonia. Com mentes nobres que levam a fortalecer, a engrandecer nosso interior e nosso senso moral.

Além disso, a meditação e a reflexão formam correntes ascensionais, que estabelecem a ligação com planos superiores, impregnando-nos com eflúvios divinos. Com o exercício, com o hábito, o ser interno vai pouco a pouco iluminando-se e descobrindo sentimentos e forças inusitadas.

C. Trabalho e doação contínua

Através do trabalho somos induzidos, pelo próprio exercício do amor, à automatização do bem proceder.

Do mesmo modo como os hábitos nocivos nos induzem a reflexos condicionados, o contínuo modelar de nossas atitudes no bem gera, com o tempo, comportamentos elevados de forma natural e espontânea, sem maiores esforços. Reagimos evangelicamente porque já automatizamos hábitos salutares, resultantes de nossas construções íntimas, elaboradas conscientemente.

A caridade é a melhor forma de educar nosso íntimo, livrando-o das amarras forjadas pelo nosso próprio psiquismo. Renova-se a nossa existência pelo bom ânimo da consciência feliz e pela alegria interior do exercício do amor. Passamos a canalizar energias interiores, que por vezes eram desperdiçadas nos viciamentos e condicionamentos da imaginação doentia. O hábito, o treinamento da benevolência, do desejo sincero do bem, da doçura, são virtudes que só adquiriremos com o seu próprio exercício. É assim que, descondicionar o Espírito traduz-se por vivenciar o bem, não por obrigação ou submissão, mas espontaneamente. E a espontaneidade só se dá a partir da regularidade com que nos dedicamos a ele. É assim que o trabalho de renovação interior só será efetivo quando gerado pela aplicação constante da caridade, pois só o amor, dinamizado pela razão, descondiciona.

CORRENTES MENTAIS — A PRECE

PEDAGOGIA "EM SITUAÇÃO"

Na floresta mental em que vivemos, frequentemente nos defrontamos com vibrações subalternas que nos golpeiam, compelindo-nos ao cansaço e à irritação, provenientes de ondas enfermiças de seres encarnados ou desencarnados desequilibrados, com os quais partilhamos o clima psíquico. Estamos mentalmente expostos a todo tipo de influência psíquica, seja no meio social, profissional, familiar, sobretudo aos meios de comunicação em massa, que constituem poderosos agentes de indução.

Segundo Aristóteles, *"pensar é uma ação divina.* Pensar é criar condições atrativas de pensamentos idênticos. O que se faz mister é saber pensar, dominar o pensamento, amoldá-lo à vontade, sujeitando todos os elementos somáticos do organismo ao domínio superior do Eu."

Efetivamente, importa antes o domínio de nossos pensamentos sobre nós mesmos, e não pensar sob influência do meio.

Por que superar

Segundo André Luiz, em Mecanismos da mediunidade, cap. XV, cargas imensas de elétrons perturbam o campo terrestre, responsabilizando-se pelas tempestades magnéticas que afetam todos os processos vitais do Globo - prejudicando inclusive as transmissões de aparelhos radiofônicos.

Da mesma forma existem as *correntes de elétrons mentais* que, por sua vez, formam cargas que se aderem ao campo magnético dos indivíduos. Por outro lado, toda compressão de agentes mentais gera em nossa alma estados indutivos, pelos quais atraímos cargas de pensamentos em sintonia com os nossos. Estamos, efetivamente, sempre em correlação espontânea com as Inteligências, encarnadas ou desencarnadas, por intermédio das cargas mentais que acumulamos ou emitimos.

Da mesma maneira que correntes incessantes de força sustentam a Natureza terrestre, também o pensamento circula ininterrupto, no campo magnético de cada Espírito, extravasando-se para além dele, com as essências características de cada um. (André Luiz, no livro Mecanismos da mediunidade)

É assim que, cada um possui no próprio pensamento a fonte inestancável das próprias energias. Construímos a nossa *fotosfera psíquica* à base de cargas magnéticas constantes. Conforme a natureza de nosso pensamento, emitimos *correntes mentais destrutivas ou construtivas:*

Correntes mentais destrutivas conduzem a:
A. Processos obsessivos
Acumulando em si mesma as forças autogeradas em processo de profundo desequilíbrio, a alma exterioriza forças mentais desajustadas e destrutivas, pelas quais atrai as forças do mesmo teor, caindo frequentemente em cegueira obsessiva (...). As mentes desvairadas ou caídas em monoideísmo vicioso se refletem mutuamente. (Op. cit.)

B. Degeneração de energias
Considerando-se que o processo de "acumulação desordenada das nuvens de tensão no campo da aura" se caracteriza por imensa gradação, se as criaturas conscientes não se dispõem à distribuição natural das próprias cargas magnéticas, em trabalho digno, estabelecem para si a degenerescência das energias. (Idem)

C. Vícios e enfermidades
(...) Seja no arrastamento da paixão ou na sombra do vício, sofrem a aproximação de correntes mentais arrasadoras (...) que lhes impõem disfunções e enfermidades de variados, matizes, segundo os pontos vulneráveis que apresentem (...). (Idem)

COMO SUPERAR
É pela projeção de nossas ideias que nos vinculamos aos planos mais nobres e elevados. É assim que, educando nossos pensamentos criamos **correntes mentais construtivas**, sustentadas por:

A. Trabalho e doação

Assim como a Natureza encontra, na distribuição harmoniosa das próprias energias, o caminho justo para o próprio equilíbrio, sustentando-se em movimento contínuo, o Espírito identifica, no trabalho ordenado com segurança, a trilha indispensável para o seu clima ideal de euforia. (Op. cit.)

Os benefícios do trabalho não são apenas de ordem física, por elemento mantenedor do corpo orgânico, mas de ordem espiritual, psíquica e moral. Através do trabalho, não somente desenvolvemos atributos morais que incorporam virtudes cristãs ao nosso ser, mas o serviço a favor do bem nos garante o *equilíbrio psicofísico* indispensável a uma existência feliz. É criando o bem que criamos o caminho luminoso da interioridade. Dar algo de si em favor de outrem é revelar, dinamizar potencialidades internas. Seja qual for o campo de atuação, o Espírito é chamado a servir no sentido de *dinamizar a circulação das próprias energias mentais. Doar é ajustar a onda mental* no sentido de gerar, revigorar, harmonizar todo o ser com os mananciais inexauríveis do amor.

A cada momento, o Criador concede a todas as criaturas a bênção do trabalho, como serviço edificante, para que aprendam a criar o bem que lhes cria luminoso caminho para a glória na Criação. (Emmanuel, no livro *Religião dos Espíritos*)

Portanto, *quanto mais enobrecida a consciência, maior o seu poder sobre si, maior seu poder mental,* mais benéficas suas correntes mentais a vibrarem ao redor de si mesmo, e de outrem. Seja qual for o trabalho podemos ser fonte de emissão de energias mentais que aderem ao campo magnético daqueles com os quais convivemos: o missionário ao consolar um Espírito desesperado está impelindo-o à produção de raios mentais enobrecidos, permitindo recepção do auxílio de planos superiores; o médico que encoraja o paciente inclina-o a gerar em favor de si mesmo correntes mentais restaurativas das células físicas; o educador, ao estimular o educando, impulsiona-o a gerar elementos do próprio íntimo, ajustando-lhe a onda mental no contágio do bem. E assim, continuamente somos construtores de pensamentos – nossos e de outrem.

B. A prece

A prece é o mais elevado meio de indução e comunhão com as forças vivificantes da criação. Criar é dinamizar os anseios sublimes que estão latentes na intimidade do Espírito. A oração se constitui em uma *emissão de força*, que caracteriza-se por determinado *potencial de frequência* a gerar e assimilar ao mesmo tempo as fontes geradoras de vida.

É assim que a oração permite:

1. Comunhão com esferas superiores

– *A prece torna o homem melhor?*

– *Sim, porque aquele que faz preces com fervor e confiança se torna mais forte contra as tentações do mal, e Deus lhe envia bons Espíritos para o assistir. É um socorro jamais recusado, quando o pedimos com sinceridade.* (*O livro dos Espíritos*, 660)

Qualquer que seja o grau cultural, a oração é o mais elevado meio de indução para comunhão com as esferas superiores. Colocamo-nos em correlação imediata com outras inteligências por intermédio das cargas mentais que emitimos, ergue-se o pensamento aos planos sublimados, de onde pode-se recolher as ideias regeneradoras dos Espíritos benevolentes que nos rodeiam.

2. Equilíbrio do corpo e do Espírito

A oração não suprime, de imediato, os quadros da provação, mas renova-nos o espírito, a fim de que venhamos a sublimá-los ou removê-los. (Emmanuel, op. cit.)

Exteriorizando a essência divina, a consciência elevada impregna todo o seu ser pela qualidade do pensamento emitido, *corrigindo o magnetismo torturado* da criatura, recompondo-lhe as faculdades profundas. Na ligação íntima com Deus a consciência reorganiza *a harmonia "cosmopsíquica"*, abrandando assim as manifestações instintivas e dissipando os pensamentos opressivos. O Espírito retempera suas forças e encoraja-se para enfrentar com mais otimismo as vicissitudes na existência terrena. Ao elevar sua frequência vibratória, o Espírito higieniza a mente e libera maior cota de luz interior.

3. Eficácia da prece

A energia da corrente está na razão direta da energia do pensamento e da vontade. (O evangelho segundo o espiritismo, cap. XXVII, item 10)

A prece só tem valor quando a *ação magnética é gerada pelo próprio pensamento*. Por isso que preces místicas ou decoradas não surtem efeito. É necessário que cada palavra, *cada frase, construa uma corrente mental dinamizada pelo amor*, caso contrário serão meras palavras. Por isso, nada adianta pedir, se não estivermos motivados pelo amor nesse momento.

Semelhante atitude da alma, porém, não deve em tempo algum, resumir-se a simplesmente pedir algo ao suprimento ivino, mas pedir, acima de tudo, a compreensão quanto ao plano da Sabedoria Infinita (...). (Mecanismos da mediunidade)

A prece é o solilóquio de uma *alma exultante*. A lamentação, o descontentamento impedem uma ligação efetiva com Deus. É importante saber ajudar a si próprio, liberar a essência amorosa que nos caracteriza; só então a prece será efetiva, pois partirá do interior para o objetivo a ser alcançado, e não de pedidos dispersivos de fora para dentro. Orar é entrar em comunicação com o oceano interior, e não pronunciar algo exterior a si.

4. Transcendência

Orar é despertar correntes mentais que vivificam, é despertar as potências divinas. Orar é identificar-se com a fonte inexaurível do amor e do poder, inserindo-se nas leis de renovação que governam os fundamentos da vida. Orar é erguer-se pela força viva do pensamento, é recriar-se pela assimilação do fluxo divino. *Orar é arquitetar o interior pelas mais sublimes criações mentais.* Orar é transcender, é superar-se cada vez mais em inusitada alegria interior, em um impulso que nos compele à religiosidade, a um sentido moral de força interior.

Eis assim a renovação a partir da interioridade, sendo a prece preciosa alavanca para modificar o nosso modo de sentir a vida e o outro. O sentimento de religiosidade é um meio de renovação interior, e que permite adequar nossa conduta à essência divina. **Renovação interior** é adequarmo-nos a nossa natureza, de seres individuados da essência divina, no entanto, tal adequação não se faz no repouso, mas através de uma mobilização da alma, através de uma *atividade*, de modo a atualizarmos a nossa potência "em ação", no exercício, da caridade, do trabalho e sobretudo, do externar a nossa essência, o espírito, ou ainda o Pai, como diria Jesus, como fonte de nossas obras.

Que um dia possamos afirmar com Jesus: "as obras que faço, faço-as em nome de meu Pai", a atitude que ora vivencio, sinto-a a partir da minha interioridade, da essência amorosa do Pai em mim.

Renovação interior

> *Andai segundo o Espírito, e não satisfareis aos apetites da carne, porque os desejos da carne se opõem aos do Espírito, e estes ao da carne; pois são contrários uns aos outros. (...)* **Se vivemos pelo Espírito, andemos também de acordo com o Espírito.**
> Paulo (Gálatas, 5:13-26)

Que a alegria moral seja a *vida* dos Espíritos, que elevados à grandeza do senso moral, realizam-se na própria essência do divino.

A luz da vida não é a luz refratária do mundo, mas a luz é o ser divino gerando força interior, pela determinação e dignidade do Espírito, e que se enobrece ao contato com a autoridade soberba do ser criador.

A alegria moral não se extingue jamais, pois é um grau de conquista de elevação espiritual, na qual o Espírito passa a ser o que conquistou em si mesmo. E a alegria é vida consciente do Absoluto em si mesmo, através do sentimento moral.

A vida espiritual é a vida do Absoluto em sua intimidade, onde a alegria é um sentimento de si para consigo mesmo, e não despertada por algo exterior a si.

A vida espiritual se incendeia e se intensifica, quando do encontro do Espírito com a substância viva que o gera intimamente. A substância divina, fonte sublime da vida, é o manancial inexaurível do amor e da alegria, que há de reger-nos a conduta, não somente em presença do outro, mas perante si mesmo.

A luz não apenas ilumina o outro, mas se autogera; se não produzida pela corrente geradora, enfraquece-se. Do mesmo modo, o Espírito, se não for agraciado pela corrente da vida e do amor que percorre o seu ser, não acende em si mesmo a chama do amor, da candeia da fé, a iluminar os caminhos autênticos da existência.

Autêntico é o ser, quando fiel ao Autor, e tudo que este inspira e conduz é força a vitalizar a natureza e fortalecer o Espírito, em sua marcha ascensional, em direção ao destino triunfante.

A alegria da vida é o contato com a fonte, o sentido sublime do existir consiste no respeito ao senso divino interno, que rege a conduta interior e, portanto atitudes nobres e certas.

Atitude sem renovação interior é lâmpada sem a corrente que a origina; a chama da vela que ilumina é antes luz em si mesma.

A vida do Espírito voltada para os prazeres do mundo extingue o Espírito, que é o manancial da vida moral e, portanto divinal.

Enganamo-nos ao nos entregar aos prazeres do mundo, uma vez que o apego ao exterior é atitude de bloqueio da luz espiritual, a qual se aviva em si mesma, quanto mais produzida pelo sentimento moral.

Moral e alegria identificam-se em unidade; quando o "sentido moral" percebe o guia interno, dirigido pela luz do amor e pela luz da razão e do pensamento reto, as atitudes se renovam.

A fonte da vida moral é o espírito e nela vivemos, mas também de acordo com ela devemos dirigir nossa vida. Não há como atingir a vida do Espírito, senão através da educação do Espírito, que visa propiciar meios de adequação a esse senso divino.

Educar o Espírito é educar atitudes. Educar-se é renovar atitudes, mas não há renovação de atitudes, o que existe de fato é renovação interior. E renovar-se interiormente é renovar-se pelo espírito que "anima" a alma, que revigora o Espírito com o aumento da potência moral.

Não há como se pretender "reforma íntima", superação de vícios ou dependências e imperfeições, se não pautarmos o comportamento no mundo pela renovação interior do modo de sentir e de perceber o mundo e o outro.

O esforço de renovação não deve restringir-se à mudança de hábitos, e nem á repetição de atitudes, qual condicionamentos. Mas "mudar" significa algo mais substancial: o esforço de andar segundo o espírito, princípio interior, ao qual só se ajusta por uma vida reta, pautada pelo amor vivo, ao ser substancial em sua concretude, que na verdade anima o Espírito.

Viver apenas "segundo a carne" é extinguir, temporariamente, a vida do espírito. Modificar o sentimento, mesmo diante das paixões, é força ativa, é aumento de potência, é vitalidade espiritual, é alegria por dentro.

Sejam pois nossas atitudes pautadas pela adequação a nossa essência divina, todos possuímos esse germe, que é a fonte das santas virtudes, ou dos *frutos* do espírito. Sem a seiva, a semente não germina, pois se torna estéril. E a figueira seca não produz posto que não consegue absorver o alimento da vida que, em verdade a vivifica e dignifica. Não basta a luz do sol a iluminar nossos dias e atitudes de cada dia, se não gerarmos em nós mesmos a luz interna do caminho da vida moral.

Não busquemos, pois, acompanhar esse roteiro de renovação de atitudes, sem termos como ponto de partida essa consciência da necessidade de uma educação substancial, de adequação ao senso moral divino, não como chegada, mas como ponto de partida para nossa conduta.

Não há como renovar atitudes, sem a mudança em profundidade, ou seja, a renovação interior, a renovação pelo espírito, e não pela carne.

APÊNDICE
GRUPOS DE APOIO

Em todos os grupos listados a seguir, não existem taxas nem mensalidades para ser atendido ou participar das reuniões.

AA • Alcoólicos Anônimos
www.alcoolicosanonimos.org.br
Apoio a pessoas com dependência a qualquer tipo de substância alcoólica (cerveja, vinho, *wisky* etc.). É uma irmandade de homens e mulheres que compartilham suas experiências, forças e esperanças, a fim de resolver seu problema comum e ajudar outros a se recuperarem do alcoolismo, que, segundo a OMS, é uma doença progressiva e fatal, que pode ser detida, mas não curada.

Al-Anon e Alateen
www.al-anon.org.br
Apoio a amigos e parentes de alcoólicos. O Alateen é específico para jovens cujas vidas são (ou foram) afetadas pelo

uso de álcool de um membro da família ou de um amigo próximo. O alcoolismo também é uma doença da família, pois afeta todos aqueles que estão próximos do alcoólico.

AE • **Amor-Exigente**
www.amorexigente.org.br
Apoio a todos os que querem prevenir problemas (de dependência a alguma substância ou de comportamento inadequado) e/ou querem trabalhar por sua comunidade. O Amor-Exigente encoraja a pessoa a agir em vez de só falar; constrói a cooperação familiar e comunitária e desencoraja a agressividade e a violência.

Anjoti • Associação Nacional do Jogo Patológico e Outros Transtornos do Impulso
www.anjoti.org.br
Entidade sem fins lucrativos, fundada por médicos psiquiatras, psicólogos e outros, para auxiliar no combate e na prevenção dos transtornos do jogo patológico e do impulso.

CCA • **Comedores Compulsivos Anônimos**
www.comedorescompulsivos.com.br
Apoio a pessoas com problemas relacionados à alimentação, auxiliando a lidar com os sintomas físicos e emocionais do comer compulsivo.

CODA • **Co-Dependentes Anônimos**
www.codabrasil.org
Apoio a pessoas cujo propósito comum é aprender a

desenvolver relacionamentos saudáveis, colaborando para o autoconhecimento e o aprendizado do amor próprio. A intenção é que a pessoa fique íntegra com relação às suas histórias pessoais e aos seus próprios comportamentos co-dependentes.

cvv • Centro de Valorização da Vida
www.cvv.org.br

Objetiva a prevenção ao suicídio e a valorização da vida, por meio do apoio emocional oferecido por pessoas voluntárias às pessoas angustiadas, solitárias ou mesmo sem vontade de viver. Os voluntários dos postos colocam-se à disposição de todos que sentem solidão, angústia, desespero e desejam desabafar.

da • Devedores Anônimos
www.devedoresanonimos-sp.com.br e www.devedoresanonimos-rio.org

Apoio para solucionar problemas com endividamento compulsivo. O objetivo primordial é dar condições de pagar ou poder pagar as dívidas, e não mais se endividar.

dasa • Dependentes de Amor e Sexo Anônimos
www.slaa.org.br

Apoios a pessoas que experimentam uma necessidade compulsiva de sexo, um apego desesperado a uma única pessoa, comportamento obsessivo/compulsivo (ou ainda anorexia), seja sexual, social e/ou emocional, por meio das quais as atividades e as relações ficam cada vez mais destrutivas e afetam a todos os aspectos da vida.

Dependência de Internet
www.dependenciadeinternet.com.br

Grupo multidisciplinar que oferece atendimento à população, orientação e pesquisa de novas terapêuticas que tratem de pacientes que desenvolveram alguma forma de dependência tecnológica e que esteja criando prejuízo na vida funcional e cotidiana do individuo, vinculado ao Hospital das Clínicas de São Paulo.

EA • Emocionais Anônimos
www.ajudaemocional.com.br

Incentiva a busca de uma nova maneira de viver, com mais felicidade e realização. Alguns indícios de necessidade de ajuda: a pessoa sentir-se deprimida, infeliz, sozinha, insegura, com medo, ansiosa, irritada, impaciente.

FA • Fumantes Anônimos
www.fumantesanonimos.net

Apoio a fumantes, considerando duas características: o uso compulsivo da nicotina e o uso continuado apesar das consequências adversas. A nicotina é reconhecida como a mais poderosa droga causadora de dependência de uso comum, minando lentamente a saúde de todos que a usam.

FSA • Fóbicos Sociais Anônimos
http://fobicossociais.cjb.net

Incentiva a luta contra a timidez extrema, mas também contra o preconceito de muitas pessoas que não entendem a situação. Fobia social é quando a timidez começa a impedir o desempenho das pessoas no trabalho, na escola ou nos relacionamentos, sejam eles de amizade ou amorosos.

IA • **Introvertidos Anônimos**
www.introvertidosanonimos.org.br
Apoio a pessoas que sofrem de timidez, introversão (voltar-se para si mesmo) patológica e isolamento grave (físico, social ou afetivo), ou forte tendência a esse isolamento. Algumas das dificuldades trabalhadas: timidez, solidão, introspecção, depressão, complexos, frustrações.

JA • **Jogadores Anônimos e Jog-Anon**
www.jogadoresanonimos.com
Apoio a pessoas que tenham obsessão pelo jogo. O jogador compulsivo precisa estar disposto a aceitar o fato de que está sob o domínio de uma doença e ter o desejo de ficar bem. O Jog-Anon apóia amigos e parentes de jogadores compulsivos.

MADA • **Mulheres que Amam Demais Anônimas**
www.grupomada.com.br
Apoio a mulheres que têm como objetivo primordial se recuperar da dependência de relacionamentos destrutivos, aprendendo a se relacionar de forma saudável consigo mesma e com os outros. Existem comportamentos comuns em todas as 'mulheres que amam demais'.

NA • **Narcóticos Anônimos**
www.na.org.br
Apoio a pessoas com dependência a qualquer tipo de drogas (maconha, cocaína, crack, cola de sapateiro, calmantes e outros remédios, estimulantes etc.). A dependência química é considerada uma doença progressiva e fatal, que pode ser detida, mas não curada.

Nar-Anon e Narateen
www.naranon.org.br
Oferece esperança e ajuda aos familiares e amigos de dependentes a qualquer tipo de drogas. O Narateen é específico para jovens cujas vidas são (ou foram) afetadas pelo uso de drogas de um membro da família ou de um amigo próximo.

N/A • **Neuróticos Anônimos**
www.neuroticosanonimos.org.br
Oferece fortaleza e esperança para resolução de problemas emocionais, possibilitando uma reabilitação da doença mental e emocional. Uma pessoa neurótica é aquela que tem perturbações emocionais.

PA • **Psicóticos Anônimos e** AP-PA
www.fenix.org.br
Apoio para psicóticos, esquizofrênicos, portadores de doenças mentais. Alguns sintomas destas pessoas são delírios, alucinações ou qualquer outro sintoma psiquiátrico, inclusive depressão. O AP-PA apóia os amigos e parentes.

SIA • **Sobreviventes de Incesto Anônimos**
Caixa Postal 45446 • CEP **04010-970** • **São Paulo** • SP
Ajuda homens e mulheres que foram vítimas de abuso sexual na infância. Os grupos não são abertos, portanto deve ser feito contato por correspondência. Abuso sexual é, por definição, um comportamento sexual vinculado ao desrespeito ao indivíduo e aos seus limites: carícias no órgão genital, relações sexuais, incesto, estupro, sodomia, exibicionismo e exploração sexual são alguns dos tipos de abuso sexual que as crianças podem sofrer, seja por parte de familiares ou conhecidos, seja por pessoas estranhas.

TCA • **Trabalhadores Compulsivos Anônimos**
www.trabalhadorescompulsivosanonimos.com
Apoio a *workaholics*, que são pessoas que têm compulsão por trabalho, seja ele profissional ou voluntário, deixando principalmente a família e os assuntos pessoais em segundo plano.

BIBLIOGRAFIA

KARDEC, ALLAN. *O evangelho segundo o espiritismo*. 63ª ed. São Paulo, LAKE, 2007.

_____. *O livro dos Espíritos*. 66ª ed. São Paulo, LAKE, 2006.

XAVIER, FRANCISCO CÂNDIDO. Emmanuel (Espírito). *Fonte viva*. 23ª ed. Rio de Janeiro, FEB, 1999.

_____. *Religião dos Espíritos*. 9ª ed. Rio de Janeiro, FEB, 1993.

_____. *Vida e sexo*. 9ª ed. Rio de Janeiro, FEB, 1986.

_____. *Vinha de Luz*. 23ª ed. Rio de Janeiro, FEB, 1999.

XAVIER, FRANCISCO CÂNDIDO & VIEIRA, WALDO. André Luiz (Espírito). *Mecanismos da mediunidade*. 17ª ed. Rio de Janeiro, FEB, 1999.

PERES, Ney Prieto. *Manual prático do espírita*. N/d. São Paulo, Pensamento, 1984.

Esta edição foi impressa pela Paym Gráfica e Editora Ltda., de São Bernardo do Campo, SP, sendo tiradas três mil cópias, todas em formato fechado 140x210mm e com mancha de 90x154mm. Os papéis utilizados foram o ofsete Chambril (International Paper) 75g/m² para o miolo e o cartão Sinar Royal (Indah Kiat Serang) 250g/m² para a capa. O texto principal foi composto em Goudy Old Style 11,5/14,4pt, os títulos em Futura Md BT 24/30pt e os subtítulos em Futura Md BT 14/14,4pt. Eliana Ferrer Haddad realizou a revisão, André Stenico elaborou a programação visual da capa (a partir da concepção inicial de Fred Aguiar) e Bruno Tonel desenvolveu o projeto gráfico do miolo.

Novembro de 2010